W0075563

katrin
cargill's

fenster
vorhänge

Moderne Fensterkleider für
jeden Einrichtungsstil

Fotografiert von David Hiscock

Mosaik

Die Originalausgabe erschien unter dem Titel
CURTAIN BIBLE

Text und Projekt © Katrin Cargill, 2001
Design und Layout © Quadrille Publishing Ltd, 2001
Fotografie © David Hiscock, 2001
Illustrationen: Lizzie Sanders

Alle deutschsprachigen Rechte:
© 2002 Mosaik Verlag
in der Verlagsgruppe Falken/Mosaik,
einem Unternehmen der Verlagsgruppe
Random House GmbH, München
/ 5 4 3 2 1

Koordination: Hanna Forster, Regine Gamm
Koordination und Bearbeitung: bookwise, München
Übersetzung:
Imke Brockhaus-Araya für bookwise, München
Herstellung: Ortrud Müller
Umschlaggestaltung: Heinz Kraxenberger

ISBN: 3-576-11631-1

Printed in Germany

Teil I
Vorüberlegungen

Dieser Teil des Buchs befasst sich mit den Besonderheiten und potenziellen Problemen verschiedenster Fensterformen und stellt die jeweils optimalen Gestaltungskonzepte vor. Er begleitet Sie bei den ersten Vorüberlegungen, regt zu kreativen Dekorationsideen an und schlägt Lösungen für ungewöhnliche Fensterformen vor. Dabei werden nicht nur der wirkungsvolle Einsatz von Farben, Mustern und unterschiedlichen Stoffqualitäten berücksichtigt, sondern auch praktische Aspekte wie Lichteinfall und Schutz der Privatsphäre.

Fensterformen

Betrachten Sie Ihre Fenster einmal genauer. Wie steht es um die Proportionen zwischen Fensterfläche und Raum? Nehmen die Fenster einen großen Teil der Wandfläche ein oder handelt es sich eher um kleine Öffnungen? Sind sie vielleicht ein Teil der Raumarchitektur, wie das bei Erker- oder Gaubenfenstern der Fall ist? Lernen Sie zunächst die verschiedenen Fensterformen und ihre Funktionen kennen, denn beides beeinflusst die Wahl der Vorhänge.

Schiebefenster lassen sich meist nach oben öffnen und haben häufig einen dekorativen Rahmen. Flügelfenster mit Öffnung nach außen lassen jeglichen Spielraum für die Vorhanggestaltung. Französische Fenster (und Türen) dagegen, die oft nach innen geöffnet werden, erfordern Gardinenstangen oder -schienen, die hoch und breit genug sind, um dem Stoff bei geöffnetem Fenster genügend Platz zu gewähren. Auch Rollos bieten sich hier als Lösung an – sie müssen sich allerdings entweder hoch genug über den Fensterrahmen ziehen lassen oder passgenau auf den Rahmen angefertigt werden. Erkerfenster bestehen aus mehreren Einzelfenstern, die dem Erker entsprechend ein Halbrund oder Rechteck formen. Bei nach außen zu öffnenden Fenstern kann man die Vorhangstange oder -schiene einfach der Erkerform anpassen. Werden die Fenster jedoch nach innen geöffnet, so benötigt jedes einzelne einen eigenen Vorhang oder ein eigenes Rollo.

Glaswände, gläserne Schiebetüren oder großflächige Panoramafenster sollen einen möglichst freien Ausblick auf die Umgebung gewähren. Daher empfiehlt sich hier der Einsatz verdeckter Vorhangschienen, Springrollos oder auch die Reduzierung auf außen angebrachte Klapp- oder Rollläden. Auch Rundbogen- und Rundfenster sind schon an sich attraktive architektonische Details und benötigen keine aufwändige Dekoration. Zu Gaubenfenstern passen Vorhänge an Stangen, die mit Scharnieren befestigt sind und sich beim Öffnen der Fenster zu beiden Seiten an die Wand schwenken lassen. Auch Springrollos bieten sich für die einzelnen Scheiben an. Für schräge Dachfenster eignet sich ein Vorhang, der an der Ober- und Unterseite von Stangen gehalten wird.

Wählen Sie für Ihre Fenster stets die einfachste Lösung, denn eine schlichte und funktionale Dekoration wirkt meist am elegantesten und stilvollsten.

oben
Diese Hausfassade zeigt eine beeindruckende Vielfalt von Vorhangvariationen.

rechts
Der Blick von außen auf die Gestaltung eines Fensters verrät viel über die Einrichtung des dahinter liegenden Raums.

Folgende Seiten
Die Formen und Maße von Fenstern sind sehr vielfältig. Nicht in jedem Fall stellen Vorhänge die Ideallösung dar.

Akzente setzen

Im 18. Jahrhundert blieben die Fenster kahl – eine aufwändige Gestaltung wäre viel zu kostspielig gewesen. Mit Ausnahme der entsprechend begüterten Gesellschaftsschichten begnügte man sich meist mit einem über dem Fenster angebrachten Rüschenband oder einer schlichten Stoffbahn aus Baumwolle, die in halber Höhe vor das Fenster gespannt wurde. Man vertraute auf Fensterläden, um die Privatsphäre zu wahren. Als Textilien im Laufe des 19. Jahrhunderts erschwinglicher wurden, brach eine Zeit üppiger Dekoration an. Für viele von uns bestimmt dieser verschwenderische Prunk noch immer die Idealvorstellung einer gelungenen Fenstergestaltung. Dabei war einer der Hauptgründe für diese Mode durchaus praktischer Natur: Alte Häuser mit alten Fenstern sind oft schlecht isoliert und zugig.

Im 21. Jahrhundert hat sich die Einstellung zu Vorhängen und ihrer Funktion bei der Raumgestaltung längst gewandelt. Mittlerweile kennen wir effektivere Methoden der Wärmeisolierung. Doppelverglasung und Zentralheizung sorgen für warme und lichtdurchflutete Räume. Dieser Öffnung nach außen im wahrsten Sinne des Wortes entspricht der Wunsch nach neuen Gestaltungsformen. Sehnen wir uns nach plüschigem Bombast oder nach kühler Sachlichkeit? Mögen wir es klassisch oder ist es uns wichtig, unserer Wohnung einen unverkennbaren individuellen Stempel aufzudrücken?

Heute ist in Sachen Fensterdekoration erlaubt, was gefällt. Immer neue Modetrends und die unterschiedlichsten Materialien lassen eine große Auswahl an Stoffen, Mustern, Accessoires und Formgebungen zu. Die vielfältigen Designs passen zu praktisch jedem Lebensstil und Geschmack – ob eher exotisch, konventionell oder hypermodern. Stoffbahnen, mit einfachen Metallösen versehen und auf Drahtseile gespannt, finden nicht nur in Büros Verwendung, sondern geben auch dem Wohnzimmer zuhause ein modisches Styling. Mehrspurige Schienensysteme bieten eine Fülle von Variationsmöglichkeiten. Verdeckte Vorhangschienen machen altmodische Schabracken und Querbehänge überflüssig. Ein angenehmer Nebeneffekt ist, dass wir weniger Material als früher benötigen und uns deshalb einst unerschwinglichen edlen Taft leisten können. Aber es geht natürlich auch anders: Wer will, hängt einfache und preisgünstige Gardinen auf und gönnt sich vielleicht öfter einmal etwas Neues.

rechts
In einem Raum mit imposanter Deckenhöhe wirkt ein bannerähnlicher, dreifarbiger Vorhang besonders eindrucksvoll und bringt zudem die modernen Designermöbel schön zur Geltung.

Seite 14
Nostalgische, außergewöhnliche Kleidungsstücke bilden hier eine effektvolle Fensterdekoration und schaffen ein höchst individuelles Ambiente.

Seite 15
Die dezent gemusterten, schlichten Stores passen gut zu den typischen klaren Formen und natürlichen Materialien, die das moderne Raumdesign auszeichnen.

Lassen Sie sich von den Anregungen der folgenden Seiten inspirieren. Nutzen Sie auch die Chance, sich im Kaufhaus oder in Fachgeschäften über aktuelle Stoffe, Dekorationsideen und Vorhangzubehör zu informieren.

Eine gelungene Kombination von Form und Material verwandelt im Handumdrehen die Atmosphäre eines Raums. Wie wäre es mit Vorhängen in kräftigen Farben und Mustern, die gut zu schlichten Möbeln passen und die Aufmerksamkeit auf die Fenster lenken? Natürlich können Sie auch Gardinen auswählen, die bewusst den Stil Ihrer Möbel unterstreichen. Unschöne Fenster oder wenig ansprechende Ausblicke lassen sich hinter Vorhängen in dezenten Farbtönen verbergen. Nie zuvor gab es so viele Möglichkeiten, Funktionalität und ansprechendes Design miteinander in Einklang zu bringen.

links
Bodenlange Stores verleihen dem Loft eine eigene Atmosphäre und dienen nicht nur als Fensterdekoration, sondern auch als Raumteiler.

Seite 18
Das einfache Raffrollo spielt mit dem stilvollen Lüster glänzend zusammen.

Seite 19
Schlichtes Segeltuch mit Applikationen aus handgewebter Baumwolle wirkt auf den Betrachter wie ein Gemälde.

Praktische Tipps

Mit Vorhängen lässt sich die Atmosphäre eines Raums entscheidend beeinflussen. Allein die richtige Länge oder Breite einer Fensterdekoration kann unvorteilhafte Raumproportionen korrigieren, ein spezielles Raumgestaltungskonzept ergänzen und den Lichteinfall begünstigen oder angenehm dämpfen. Die Vielzahl an Möglichkeiten, Probleme der Innenraumgestaltung durch maßgefertigte Gardinen zu lösen, ist beeindruckend. Mit einigen Tricks lässt sich aus jeder Art von Fenster das Beste machen. Nehmen Sie sich die Zeit, den Lichteinfall zu beobachten, sich Gedanken über den Verwendungszweck des Raums zu machen und sich darüber klar zu werden, welche architektonischen Mängel Sie kaschieren möchten.

Unvorteilhafte Proportionen korrigieren

Jeder kennt diese Situation: Die Tapete ist wunderschön, das Mobiliar entspricht genau dem Geschmack, die Einrichtungsdetails sind einzigartig – und doch enttäuscht der Gesamteindruck des Raums. Meist sind es Fehlproportionen, die unser Harmonieempfinden stören. Während sich die Baumeister früherer Jahrhunderte an den Symmetrien der klassischen Formensprache orientierten, entspringen viele moderne Häuser einer mehr oder weniger geistlosen Fließbandarchitektur. Selbst wenn es dafür keine Regeln gibt, registriert unser Auge genau, ob ein Fenster zu klein für eine große Wandfläche oder zu mächtig für einen eher bescheidenen Raum ist.

Seite 20
Der eindrucksvolle Anblick der sich über die doppelte Höhe erstreckenden Fenster bzw. Glastüren wird betont durch bodenlange Schals mit kräftigen, schwarzweißen Querstreifen.

Seite 21
Die mit Hussen verhängten Stühle werden durch die schlichten, bodenlangen Musselinbahnen an den französischen Türen perfekt ergänzt.

rechts
Die bodenlangen Vorhänge wurden absichtlich ein ganzes Stück über dem Fenster angebracht, um dem Raum mehr Höhe zu verleihen.

Von links nach rechts

Das niedrige Fenster wirkt durch den darüber dekorierten Querbehang höher.

Die mit einer Profilblende versehene Vorhanggarnitur ist dicht unter der Decke angebracht, um Höhe vorzutäuschen.

Die verschieden großen Fenster werden durch die genau platzierten Gardinenstangen und langen Stoffbahnen vereinheitlicht.

Mit der passenden Fensterdekoration setzen Sie neue Akzente und verbessern die Wohnatmosphäre. Ein häufiges Problem stellen zu tief eingesetzte Fenster dar. Bringen Sie die Vorhänge direkt über einem solchen Fenster an, verstärkt sich der unvorteilhafte Eindruck. Befestigen Sie die Vorhänge jedoch deutlich darüber, wirkt es, als sei das Fenster höher. Bei einem Querbehang sollten Sie darauf achten, dass dessen Unterkante niedriger ist als die Oberkante des Fensters, da Sie sonst das Missverhältnis betonen. Bei zu schmalen Fenstern empfiehlt es sich, die Vorhangstange auf beiden Seiten überstehen zu lassen, sodass ihre Vorhänge über das Fenster hinausreichen. Im umgekehrten Fall setzen Sie am besten ein Rollo oder einen Vorhang aus leichtem, luftigem Material ein. Fenster unterschiedlicher Höhe kaschiert man mit Vorhängen gleicher Länge.

Bauliche Herausforderungen

Manchmal fehlt an einem Fenster der Platz für eine Gardinenstange mit dekorativen Endstücken. Die Lösung sind Rollos oder auch Gardinenstangen mit Platz sparenden, scheibenförmigen Endstücken (siehe Gestaltungsidee Seite 122). Unschön sind Gardinenstangen, die nur an einem Ende verziert sind und mit dem anderen direkt an die Wand stoßen. Auch Querbehänge, die von einer Seitenwand förmlich „abgeschnitten" werden, ergeben kein harmonisches Bild.

Dachgaubenfenster erfordern eine individuelle Lösung. Ist die Fensternische eng, kann man sich mit einer Gardinenstange behelfen, die mit einem Scharnier an der Wand befestigt wird und sich mit dem Vorhang um 180 Grad zur Seite schwenken lässt. Eine Alternative bieten Rollos: Öffnet sich das Fenster nach innen, bringt man das Rollo direkt am Fensterrahmen an. Für Erkerfenster gibt es unter-

Von links nach rechts

Über dem rechteckigen Erkerfenster sind massive, bündig eingepasste Gardinenstangen angebracht.

Allzu starke Sonneneinstrahlung durch ein Glasdach wird hier von blauen Segeltuchbähnen gedämpft.

Vorhänge für Dachfenster fixiert man mit zwei Gardinenstangen.

schiedliche Lösungen. Seitlich zusammengeschobene Vorhänge schlucken allerdings häufig viel Licht. In diesem Fall sollten Sie erwägen, die Gardinenstange oder -schiene über die Fensterkanten hinaus zu verlängern. Wählen Sie Vorhangstoffe, die auch gerafft wenig Platz benötigen. Eine weitere Möglichkeit ist die Kombination von leichten Stoffen mit Rollos, wobei Sie auch ganz auf Vorhänge verzichten können. Wiederum eine andere Herausforderung stellen Rundbogen- und Rundfenster dar. Rundfenster sind in der Regel im oberen Teil der Wand eingebaut, um architektonische Akzente zu setzen. Der Einsatz von Vorhängen ist daher meist weder sinnvoll noch notwendig. Ein Rundbogenfenster lässt sich mit einem Vorhang versehen, indem man ihn an einer entsprechend bogenförmig zugeschnittenen Leiste befestigt. Allerdings muss der Vorhang dann an beiden Seiten zurückgebunden oder in italienischer Manier gerafft werden, und zwar bis zu jenen Punkten, an denen der Fensterbogen endet. Vorhänge oder Jalousien, die an geraden Gardinenstangen quer über dem Fensterbogen angebracht sind, stellen ebenfalls einen interessanten Blickfang dar.

Licht filtern

Generell gilt auch hier: Weniger kann manchmal mehr sein. Gewiss sollte man bei der Fensterdekoration stets darauf achten, dass genügend Tageslicht einfällt, denn das sorgt nicht zuletzt für gute Laune. Übermäßige Sonneneinstrahlung kann jedoch kostbaren Möbeln schaden und sollte auch nicht auf dem Computerbildschirm im Arbeitszimmer blenden. In solchen Fällen sind Vorhänge kein dekorativer Pomp, sondern notwendig, um den Lichteinfall sinnvoll zu regulieren. Hierzu eignen sich zum Beispiel transparente Stores in Kombination mit Jalousien. Anregungen findet man in heißeren Regionen. So verfügen etwa viele Häuser in Südfrankreich oder in den USA über Jalousien und Fens-

Von links nach rechts

Die schmalen Faltrollos wurden einzeln an den sich nach innen öffnenden Dachgaubenfenstern angebracht.

Eine Wolldecke mit Fransen und Futteral für die Gardinenstange kaschiert den unansehnlichen oberen Teil und die rechte Seitenkante des Fensters.

terläden, die auf Knopfdruck stufenlose Übergänge zwischen gleißendem Sonnenlicht, partiellem Schatten und völliger Verdunkelung bieten. Gleichermaßen Schutz vor Licht wie vor Hitze gewähren auch Rollos aus Bambus, Holzstäben, Rohrgeflecht oder Holzlamellen.

rechts
Die frei wehenden Vorhänge in den Flügeltüren dieses Strandbungalows lassen eine frische Brise in den Raum und schützen gleichzeitig vor allzu grellem Sonnenlicht und neugierigen Blicken.

So lässt sich auch ein Schlafzimmer abdunkeln. Natürlich gelingt dies ebenso mit lichtundurchlässigen Vorhängen, aber wer minimalistischere Lösungen vorzieht, findet interessante Alternativen. Schwere Gardinen haben heute weitgehend ausgedient. Stattdessen werden leichtere Gewebe bevorzugt, die sich einfacher nähen lassen und eine bessere Luftzirkulation erlauben. Besonders in klimatisch heißen Zonen werden hölzerne Fensterläden häufig fast den ganzen Tag über geschlossen gehalten und nur während der kühleren Morgen- oder Abendstunden geöffnet – Vorhänge sind hier überflüssig. Ursprünglich aus Holland stammt die Idee zu lichtundurchlässigen Rollos aus dicht gewebter und mit Öl oder Schellack imprägnierter Baumwolle. Solche Rollos gibt es beispielsweise in Skandinavien, um trotz der Mitternachtssonne ungestört schlafen zu können. Es sei noch einmal betont, dass man den gleichen Effekt natürlich auch mit schweren, gefütterten Vorhängen erzielen kann, die zusätzliche Vorzüge aufweisen: Die in vielen Stärken und Qualitäten erhältlichen Gewebe schützen nicht nur bei alten Fenstern vor Zugluft, sondern dämpfen darüber hinaus auch Straßenlärm.

Von links nach rechts

Das aparte halbtransparente Rollo unterstreicht den minimalistischen Stil dieses Badezimmers und wahrt ohne Lichtverlust die gewünschte Privatsphäre.

Weiße Holzlamellen lassen erstaunlich viel Licht in das Zimmer einfallen.

Privatsphäre

Jeder Mensch hat seine ganz persönliche Vorstellung von der Gestaltung der eigenen Privatsphäre. Während der eine seinen Lebensraum gern nach außen öffnet, zieht der andere es vor, sich gegen die Außenwelt abzuschotten. In jedem Fall sollten Sie Ihre Wohnung einmal nach Sonnenuntergang von außen in Augenschein nehmen, um herauszufinden, ob die baulichen Gegebenheiten sowie Bäume und Pflanzen einen natürlichen Sichtschutz bilden oder ob jedes Detail in den hell erleuchteten Innenräumen zu erkennen ist. Wie

oben

Lichtundurchlässige Faltrollos halten die grelle Morgensonne von den oberen Etagenbetten ab.

kann man sich vor unliebsamen Einblicken schützen? Netzgardinen sind mittlerweile aus der Mode gekommen, denn schließlich gibt es eine Vielzahl ebenso moderner wie praktischer Lösungen. Hierzu zählen Rollos, die als reiner Sichtschutz zugezogen werden. Dieselbe Funktion erfüllen Caféhaus-Gardinen, die über die Fenstermitte gezogen werden. Natürlich kann man auch gleich beim Fenster selbst ansetzen und getöntes Glas verwenden, das zu viel Licht sowie allzu neugierige Blicke fern hält. An Beliebtheit gewinnt auch satiniertes Glas, in das Punkte, Sterne oder andere dekorative Ornamente geätzt werden.

Mehrzwecklösungen und Raumteiler

Vorhänge dienen nicht nur als Fensterdekoration, sondern können auch als Raumteiler eingesetzt werden, um in einem Zimmer unterschiedliche Bereiche abzutrennen. Nicht wenige nutzen ihren Wohn- und Schlafraum auch zum Arbeiten. Dadurch entstehen Beleuchtungs- und Organisationsprobleme, die mit dem Einsatz von Vorhängen und Trennwänden gelöst werden können. Stellen Sie sich einen Loft vor, einen großen Raum mit einer langen Fensterflucht. Als Trennwände dienende Vorhänge regulieren den Lichteinfall und ermöglichen eine sinnvolle Unterteilung des Raums. Auf diese Weise lässt sich die Privatsphäre nach eigenen Vorstellungen gestalten. Moderne Schienensysteme oder Spannseilgarnituren ermöglichen es, beinahe überall Vorhänge anzubringen. Man sollte sich also fragen, ob es wirklich immer ein massiver Holzschrank sein muss oder ob nicht auch ein hinter Stoffbahnen verborgenes Regal den gewünschten Zweck erfüllt. Oder wie wäre es mit einem Vorhang, der das Chaos in der Spielecke der Kinder verdeckt?

Von links nach rechts

Der doppellagige Vorhang aus schwerem Segeltuch dient als Tür, die stets frische Luft in den Raum einlässt.

Transparente Rollos schützen die Privatsphäre, ohne den Lichteinfall oder den Blick ins Freie zu blockieren.

Lästige Zugluft aus Türritzen unterbinden bodenlange Vorhänge.

Die Wahl des richtigen Stoffs

Hat man sich erst einmal für eine Art der Fenster- oder Raumdekoration entschieden, steht als Nächstes die Frage der Stoffwahl an. Entscheidend ist dabei die optische Wirkung der Materialien. Baumwolle zählt zu den beliebtesten Stoffen, ob schlicht, bedruckt oder mit eingewebtem Muster: Sie ist sowohl robust als auch preiswert und lässt sich leicht drapieren und reinigen. Allerdings sollte sie nur vorgewaschen verarbeitet werden, da sie einläuft. Besteht hingegen der Wunsch nach einem zarten, fließenden Gewebe, das sich luftig im Wind bauscht, sind andere Materialien wie Taft, Seide oder

Von links nach rechts

Die französischen Türen sind je nach ihrer Funktion unterschiedlich gestaltet.

Das schwenkbare Segel schützt vor Sonne und Wind.

Ein Vorhang ersetzt in diesem Durchgang die Tür.

links

Der Schlafbereich wird durch einen hauchdünnen, lichtdurchlässigen Vorhang vom übrigen Raum abgeteilt.

bestimmte Kunstfasern vorzuziehen. Diese Stoffe zeigen einen besonders eleganten Faltenwurf und sind in vielen unterschiedlichen Farben und Mustern erhältlich. Naturseide ist allerdings nicht nur teuer, sondern auch empfindlich, und verliert bei starkem Sonnenlichteinfall die Form, falls der Stoff nicht abgefüttert ist. Leinen wie auch Leinen-Baumwoll-Mischungen gelten dagegen als äußerst robust. Eine Faustregel besagt: Je teurer ein Gewebe, desto edler die Wirkung und desto eleganter der Faltenwurf.

Im Hinblick auf die Kosten spielen Borten und Bänder eine nicht zu unterschätzende Rolle. Ein sparsamer Umgang mit teuren Materialien bedeutet nicht, auf den erhofften Effekt verzichten zu müssen. Bereits eine schmale Spitzenborte verleiht schlichten Vorhängen einen pfiffigen Akzent und sorgt für Eleganz.

Farben, Muster, Stoffe

Der Gesamteindruck von Farbe, Muster und Stoffart hängt so eng zusammen, dass man sie kaum getrennt voneinander abhandeln kann. Ein erster Rat: Wenn Sie nicht gerade für bunte Muster schwärmen, sollten Sie sich für einen zweifarbigen Vorhangstoff entscheiden. Das erleichtert die Kombination mit weiteren Farben und Materialien. Zweiter Tipp: Muster wirken am besten in schlichter Umgebung, das heißt, gemusterte Vorhänge kommen auf einfarbigen Wänden optimal zur Geltung. Umgekehrt vertragen sich schlichte Vorhänge gut mit gemusterten Tapeten. Und drittens: Kleine Muster müssen nicht weniger eindrucksvoll sein als große. Am besten konzentrieren Sie sich auf eine im Muster enthaltene Farbe, um sie gezielt für andere Details zu verwenden. Kleine Muster lassen sich gut mit einem schlichten Karo- oder Streifendessin kombinieren. So harmoniert ein lebhaft in Blau und Weiß gemustertes Rollo gut mit einem Möbelbezug in gleichfarbigem Karo. Stoffe mit eingewebtem Muster wirken oft edler als bedruckte Textilien.

Wer eher schlichte Muster und Farbgestaltungen bevorzugt, sollte den Stoff- und Gewebearten besondere Aufmerksamkeit schenken. Seide, Chenille und doppelt genähte Stoffe fühlen sich angenehm an und bleiben über Jahre formbeständig. Viele moderne Gewebe sind doppelseitig gewebt, wendbar und sparen beim Bearbeiten viel Zeit. Da man Stoffe nicht mehr unterfüttern muss, ist es heute möglich, an nur einem Nachtmittag ein Paar Vorhänge fertig zu stellen, die von beiden Seiten gleichermaßen schön anzusehen sind.

Hauchdünne und transparente Gewebe sind in einer Vielzahl von Farben und Strukturen erhältlich: Von Stoffen mit eingearbeiteten gepressten Blüten bis hin zu Geweben aus Metallfäden gibt es für jeden Einrichtungsstil den passenden Vorhang.

Bei der Farbwahl herrscht oftmals große Unsicherheit. Am besten wählen Sie Ihre persönlichen Lieblingsfarben. Und denken Sie daran, dass es auch wichtig ist, sie wirkungsvoll einzusetzen. Ein in Marineblau gestrichenes Zimmer kann leicht düster wirken; in Kombination mit blau eingefassten, weißen Vorhängen und weißen Möbeln ergibt sich dagegen ein ausgesprochen freundliches Bild. Rot hingegen ist eine problematische Farbe im Wohnbereich. Auch hier gilt: Weniger ist oft mehr. Setzen Sie ihre Lieblingsfarbe sparsam ein und kombinieren Sie sie mit neutralen Tönen, zum Beispiel mit Weiß oder Beigetönen. So entstehen aparte Kontraste, ohne das harmonische Gesamtbild durch übertriebene Knalleffekte zu stören.

Die hier abgedruckte Farbpalette wurde den Gestaltungsideen des 2. Kapitels entnommen. Sie illustriert die Vielsei-
tigkeit, die man mit einem einzigen Farbschema erzielen
kann. Allein durch die mehr oder weniger intensive Verwendung und Kombination einzelner Farben entstehen völlig
unterschiedliche Effekte.

So zeigen die rot und weiß gestreiften Langette-Vorhänge
auf Seite 136 den gleichen Rotton wie die bündig gearbeite-
ten Stoffbahnen auf Seite 54; nur die Farben und Muster der
Umgebung sind anders. Auch der Blauton der Vorhänge auf
den Seiten 58 und 110 ist identisch. Aber es wird deutlich, wie
anders die gleiche Farbe in unterschiedlichen Kombinationen
wirkt. Setzen Sie solche Gestaltungsmöglichkeiten gezielt ein.

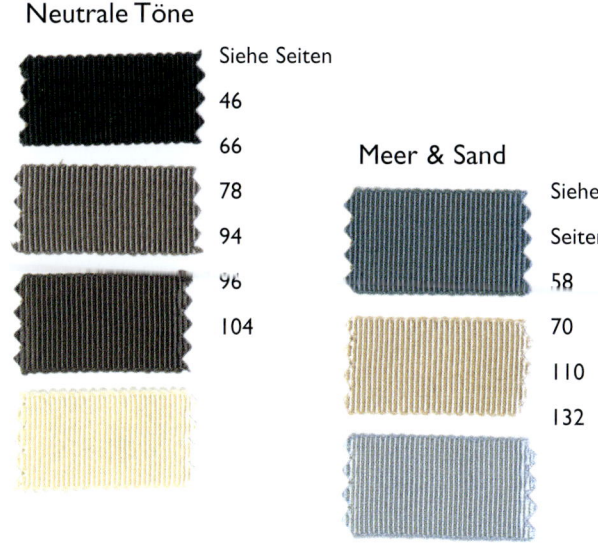

Neutrale Töne

Siehe Seiten
46
66
78
94
96
104

Meer & Sand

Siehe
Seiten
58
70
110
132

Grüntöne

Siehe Seiten
122
152
156

Dreifarbige Kombinationen

Siehe Seiten
54
62
74
136
140
144
148
158

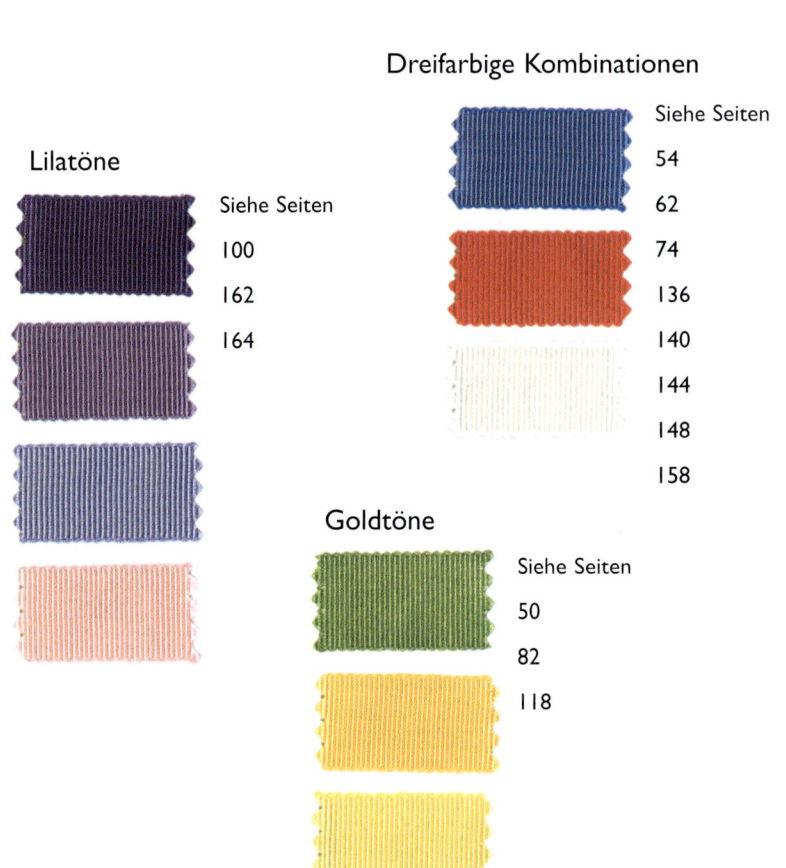

Lilatöne

Siehe Seiten
100
162
164

Goldtöne

Siehe Seiten
50
82
118

Folgende Seiten

Die folgenden Seiten demonstrieren, wie effektvoll
man unterschiedliche Muster mit nur zwei verschiedenen Farben kombinieren kann. Vorgestellt werden
zudem verschiedene Webarten und Einfassungen
sowie hauchdünne Stoffe, die auch ohne zusätzliche
Dekoration elegant und stilvoll wirken.

Muster

Texturen

Transparente Stoffe

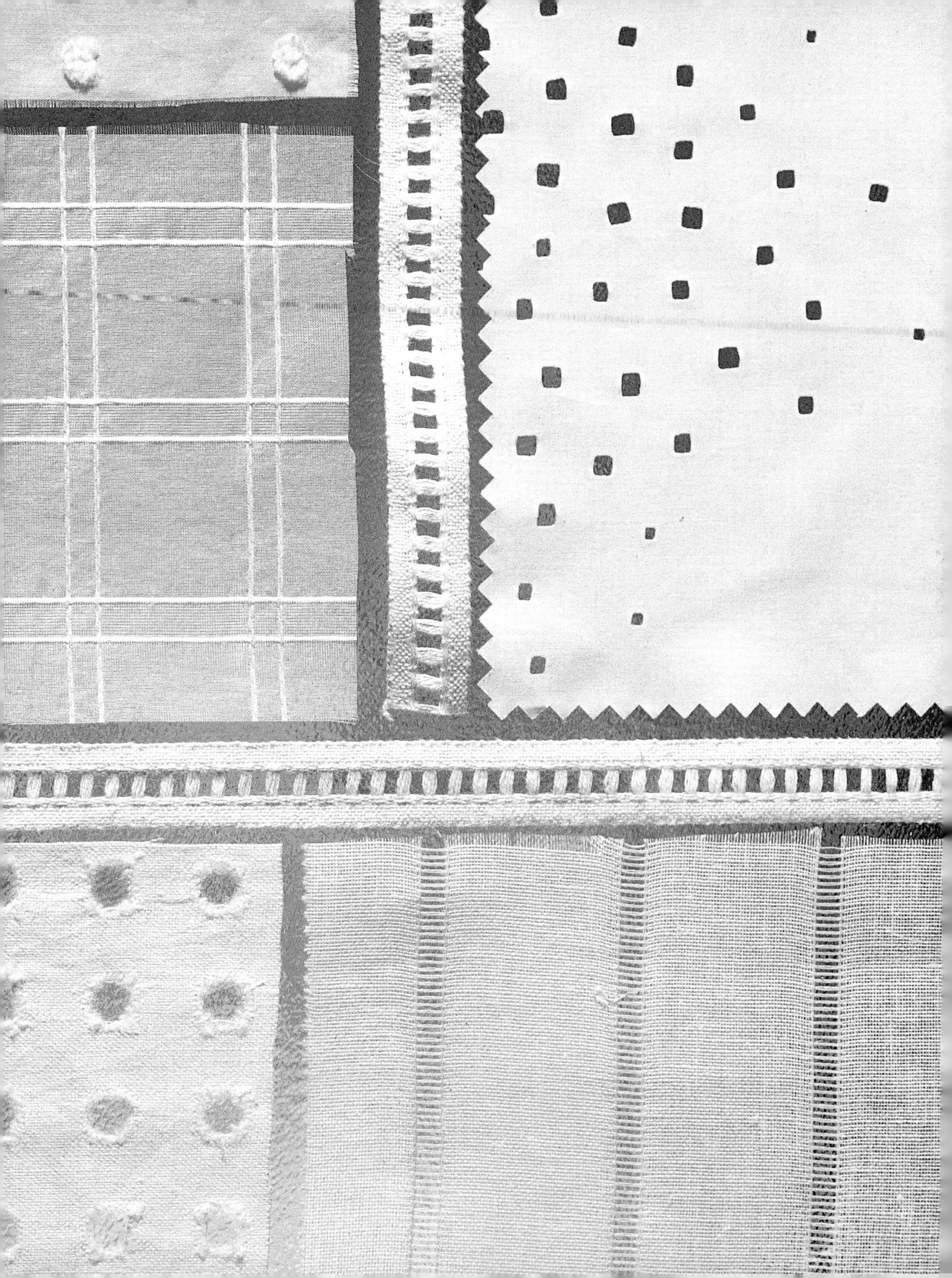

Teil 2
Gestaltungsideen

Das nachfolgende Kapitel stellt eine Fülle von Ideen, Anregungen und Gestaltungsmöglichkeiten vor, angefangen beim einfachen Rollo, das man mit einem Bausatz leicht selbst anfertigen kann, bis hin zum Unterfüttern eines Vorhangs. Für jeden einzelnen Arbeitsschritt gibt es detaillierte Anleitungen und in leicht verständlicher Form werden Bearbeitungsmethoden sowie Nähtechniken erläutert. Setzen Sie diese Vorschläge entweder selbst um, indem Sie die Anleitungen befolgen bzw. nach Ihren eigenen Vorstellungen und Wünschen variieren, oder gehen Sie damit in ein Fachgeschäft und lassen Sie sich zu der von Ihnen gewünschten Fensterdekoration beraten.

Moderne Einrichtungen erhalten ihre klare Linie durch den
Verzicht auf ein überflüssiges Stilgemisch und den Einsatz
innovativer Ausstattungstechniken. So prägen großzügige,
lichtdurchflutete Räume den heutigen Wohnstil ebenso wie
die Beschränkung auf wenige, durchdacht platzierte Möbel.
Nicht zuletzt ist es dem vielfältigen Angebot im Bereich der
Fenstertextilien zu verdanken, dass moderne Einrichtungs-
konzepte heute leichter umzusetzen sind. Viele dieser neuen
Gestaltungsideen haben die traditionellen Querbehänge ver-
drängt, die eine Fensterdekoration oft allzu schwer wirken
lassen. Minimalistische Gestaltungsideen erfordern weniger
Material, sodass man kostbarere Stoffe verwenden kann. Das
folgende Kapitel soll dazu anregen, modernes Design und
eine schlichte Formensprache für sich zu entdecken.

Modern

Die auf diesen Seiten abgebildeten Fensterdeko-
rationen entsprechen dem heutigen Wohnstil.
Vielfältige Variationen dieses Themas und eine
Fülle von Anregungen für die Gestaltung eines
modernen Ambientes bieten die nachfolgenden
Vorschläge.

Faltrollo mit Kontrastblende

Für ein ungefüttertes Faltrollo eignet sich vor allem locker gewebtes Leinen, da es schön fällt und viel Licht durchlässt. Auf der Abbildung ist der Stoff mit einer dunkelgrauen Filzkante eingefasst, die die Kontur des Fensters nachzeichnet und dem Rollo mehr Festigkeit verleiht.

Faltrollo mit Kontrastblende

Ein ungefüttertes Rollo bietet sich an, wenn Sie viel Helligkeit in einem Raum wünschen, auf einen gewissen Sichtschutz von außen jedoch nicht verzichten wollen und keine bodenlangen Vorhänge mögen. Die Falten sollten im Abstand von 35 bis 50 cm fallen. Das hier gezeigte Rollo ist 90 cm breit und 180 cm hoch, die Filzkanten haben eine Breite von 10 cm.

Übertragen Sie die Proportionen auf die von Ihnen benötigten Maße. Berechnen Sie die Anzahl der Faltentaschen, indem Sie die Höhe des Rollos in gleich große Abschnitte von jeweils ca. 40 cm aufteilen.

1 Zuerst die beiden für das Einfassen der seitlichen Kanten benötigten Filzstreifen 12 cm breit zurechtschneiden. Zu der jeweils benötigten Länge 2 cm für den Saum sowie weiteres Material für jede Falte zugeben. Die Filzkanten dienen später als Futterale für die Holzstäbe. Die Filzlänge richtet sich nach der Stärke der Holzstäbe: für einen Stab von 0,5 cm Durchmesser 2 cm Filz, für einen Stab von 1 cm Durchmesser 4 cm Filz aufschlagen. Die Filzstreifen für die Ober- und Unterkante des Rollos sind 12 cm breit und entsprechen in ihrer Länge der Breite des Rollos plus 2 cm für den Saum.

2 Die Längsseiten der vier Filzstreifen je 1 cm umschlagen und mit Fischgrätenstich (siehe S. 183) zum Saum arbeiten.

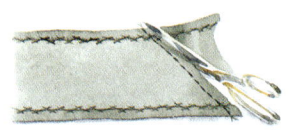

3 Einen der beiden langen Streifen mit der Rückseite nach oben auf eine ebene Unterlage legen. Die obere rechte Ecke des Streifens in einem 45°-Winkel auf die untere Kante falten und den Falz des entstandenen Dreiecks anbügeln, dann wieder aufschlagen. Mit der oberen linken Ecke von einem der kurzen Streifen genauso verfahren. Mit Kreide und Lineal auf der linken Seite der Streifen die Faltenlinien markieren.

4 Die beiden vorbereiteten Ecken der Streifen rechts auf rechts mit Nadeln zusammenstecken. Dabei darauf achten, dass die Kanten bündig aneinander liegen. Die Streifen entlang der Kreidemarkierung heften, mit der Nähmaschine steppen und mit einigen Rückwärtsstichen an beiden Enden sichern. Den auf der Rückseite überstehenden Filz bis auf 0,5 cm kürzen und zu beiden Seiten der Naht

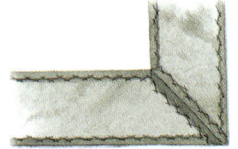

mit Fischgrätenstich versäubern. Mit den beiden restlichen Streifen entsprechend verfahren und das Ganze zu einem rechteckigen „Rahmen" zusammenfügen.

5 Den Stoff nach den Maßen des Filzrahmens so zuschneiden, dass auf jeder Seite 1 cm übersteht. Dann doppelt einsäumen: Die Ränder zunächst 1,5 cm umschlagen und bügeln, danach wieder auffalten. Nun einen 0,5 cm breiten Streifen falten und bügeln. Ist das Gewebe fein genug, erübrigt sich eine bündige Verarbeitung der Ecken. Sollten die übereinan-

der gelegten Ecken jedoch zu wulstig wirken, den doppelten Saum wieder auffalten und die Spitzen der Ecken abschneiden. Danach den Saum erneut doppelt falten und die Ecken einschlagen, sodass die Schnittkanten Briefecken bilden. Alle vier Seiten stecken, heften und steppen.

6 Den Vorhangstoff links auf links auf den Filzrahmen legen, dabei rundum 0,5 cm Seitenabstand einhalten. Beide Teile zusammenstecken, heften und mit Saumstich vernähen (siehe S. 183). Dann umdrehen und die Innenkante des Filzrahmens mit Saumstich mit dem Stoff zusammennähen.

7 Die Länge des Rollos durch die Anzahl der benötigten Falten teilen. An beiden Längskanten der Rückseite die entsprechenden Positionen mit Stecknadeln markieren. Die Maße jeweils von der Oberkante des Rollos aus nehmen. Die oberste Faltentasche auf die rechte Stoffseite umschlagen und bügeln. Je nach Stärke der verwendeten Holzstäbe (siehe Schritt 1) 1–2 cm des Falzes als Tunnel heften, dann mit der Nähmaschine nachsteppen. Bei den übrigen Falten ebenso verfahren. Abschließend die Holzstäbe in die Stofftunnel hineinschieben.

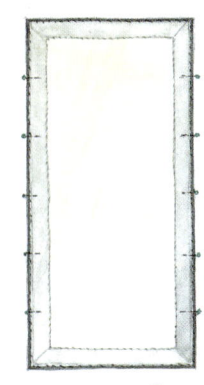

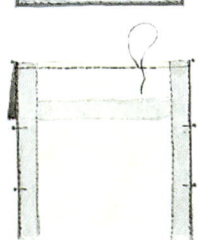

8 An die äußeren Enden jedes Tunnels jeweils einen Gardinenring auf den Filzrahmen nähen.

9 Die Holzleiste mit Filz einschlagen und diesen festtackern. Dabei auf eine saubere Bespannung der Ecken achten.

10 Die beiden Teile des Klettbands trennen und von Hand die Hakenhälfte etwa 0,5 cm unterhalb der Oberkante an die Rückseite des Rollos nähen.

11 Die Flauschhälfte des Klettbands an die Vorderseite der Holzleiste tackern. Die Wandmontage des Rollos und das Anbringen der Zugschnüre wird auf Seite 179 beschrieben.

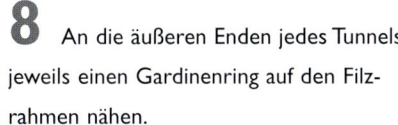

Material & Werkzeug

Locker gewebter Leinenstoff
Filz für die Kontrastblende
und die Holzleiste
Klettband (entsprechend der
Rollobreite)
Für jede Faltentasche ein dünner
Holzstab in der Breite des Rollos
Eine Holzleiste (5 cm x 2,5 cm)
in der Breite des Rollos
Zwei Ringösen
Für jede Falte jeweils zwei
kleine Gardinenringe aus
Metall oder Plastik
Zugschnur und Zugknauf
Krampe mit Schrauben
Tacker
Lineal
Nähutensilien

Seilspanngarnitur

Topmodern wirken leichte Vorhänge, die an einen Spanndraht gehängt werden. In unserem Beispiel wurden die Vorhänge aus Blockstreifen von fein gewebtem Leinen und zarter Fallschirmseide genäht, wobei eine schmale Bändchenlitze die Stoffteile voneinander trennt. Die eingearbeiteten Metallösen lassen den Stoff leicht über den Spanndraht gleiten und im Sommer reicht ein leichter Luftzug, um die Gardine effektvoll zu bauschen.

Seilspanngarnitur

Metallösen sind in jedem gut sortierten Kurzwarengeschäft erhältlich und mit ein wenig Übung problemlos zu handhaben. Es empfiehlt sich dennoch, zunächst an einem Probestück des Stoffes zu üben, bevor man sich endgültig an die Bearbeitung des Vorhangs wagt. Bei unserem Beispiel wurden die Maße der Stoffstreifen so gewählt, dass sich das transparente Leinen auf Augenhöhe befindet und die Seidenstreifen auf Höhe der Fenstersprossen verlaufen. Die Breite der Vorhänge richtet sich nach den Fenstermaßen. Ein Hauch von kostbarer Handarbeit wird durch die Borte aus Durchbruchstickerei erzeugt, die gleichzeitig die Säume kaschiert.

1 Für jede Vorhangbahn die einzelnen Stoffstreifen – außer dem jeweils untersten und obersten – in der benötigten Größe mit 4 cm Nahtzugabe an jeder Seite zuschneiden. Die Borten in gleicher Breite schneiden.

2 Den ersten Stoffstreifen auf links ausbreiten, jeweils 1 cm Saum an der Ober- und Unterkante umschlagen und bügeln. Ein zweites Mal umschlagen und den Doppelsaum erneut bügeln. Die Oberkante der Borte mit der Vorderseite auf die Unterkante des Stoffstreifens legen, stecken, heften und mit der Nähmaschine knapp an der Außenkante steppen. Mit den übrigen Stoffstreifen ebenso verfahren.

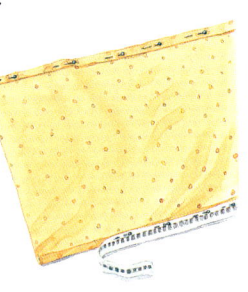

3 Für den oberen Abschluss einen Stoffstreifen mit 4 cm Zugabe in der Breite und 15 cm in der Länge sowie einen Streifen Steifleinen in der Breite der Stoffbahn zuschneiden. An der oberen Saumkante einen 7,5 cm breiten Saum umschlagen und bügeln. Den Umschlag wieder öffnen und den Steifleinenstreifen

mittig auf die Saumfalte legen. Die oberen Ecken in einem 45°-Winkel einfalten, bügeln und über die unbearbeitete Oberkante legen. Das Steifleinen darüber falten, stecken, heften und mit der Nähmaschine knapp an der Innenkante steppen.

4 Auf der linken Stoffseite die Positionen für die Metallösen mindestens 1 cm von der Ober- und den Seitenkanten entfernt markieren. Dann den Stoff entsprechend der Montageanleitung mit den Ösen versehen.

5 Den oberen Abschlussstreifen an die restliche Stoffbahn steppen, wie in Schritt 2 beschrieben.

6 Für den unteren Abschlussstreifen einen Stoffstreifen mit 4 cm Saumzugabe in der Breite und 16 cm in der Länge zuschneiden. Mit der rechten Seite nach unten ausbreiten und die Saumkante wie in Schritt 2 beschrieben an der Unterkante der Vorhangbahn annähen. Einen 16 cm breiten Umschlag an der Unterkante falten und bügeln. Den Umschlag öffnen und einen 8 cm breiten Saum bis zum ersten Faltenknick umlegen, dann weitere 8 cm umschlagen. Bügeln, stecken und mit Fischgrätenstich festnähen (siehe S. 183).

7 Die Seitenkanten zweimal in 1 cm Breite zu einem Doppelsaum umschlagen. Falls notwendig, die Ecken passend abschrägen. Bügeln, stecken und mit Saumstich nähen (siehe S. 183).

8 Den Spanndraht nach Anleitung anbringen, durch die Metallösen ziehen und spannen. Anschließend die weiteren Vorhangbahnen auf die gleiche Weise bearbeiten.

Material & Werkzeug

Feingewebter Leinenstoff
Fallschirmseide
Bändchenlitze
Steifleinen 7,5 cm breit
Metallösen und Spezialzange
Seilspanngarnitur
Nähutensilien

Bordürenbehang

Schlichte Vorhänge passen zum aktuellen minimalistischen Trend. Hier wurde ein durchbrochener Baumwollstoff mit einer Bordüre aus bunt gestreiftem Stoff eingefasst. Einen aparten Blickfang bilden die bündigen Briefecken. Eine Teleskopgardinenstange mit Sprungfeder auf der Rückseite des Vorhangs hält die Stoffbahn.

Bordürenbehang mit dekorativen Briefecken

Teleskopgardinenstangen, die in einem Tunnelsaum auf der Rückseite des Vorhangs stecken, lassen sich im Nu in jede Fensternische einsetzen. Die Wirkung des hier vorgestellten Vorschlags hängt von den akkuraten Kantenlinien ab. Falls der Fensterrahmen ungerade verläuft, sollten Sie eine einfarbige Bordüre vorziehen.

1 Für die Bordüren vier lange Streifen des bunten Stoffs in der gewünschten Bordürenbreite mit 2,5 cm Saumzugabe an jeder Seite zuschneiden. Für die Ober- und Unterkante vier kürzere Streifen in Bordürenbreite plus 2,5 cm sowie in der Behangbreite plus 2,5 cm zuschneiden. (Die Bordürenbreite in diesem Beispiel beträgt 20 cm.) Wegen des Streifenmusters besonders darauf achten, dass die Bordürenteile bündig abschließen.

2 Einen langen und einen kurzen Streifen rechts auf rechts exakt übereinander legen. Von der oberen Ecke aus eine Linie im 45°-Winkel einzeichnen. An dieser Linie die beiden Steifen bis 1,5 cm oberhalb der Unterkante zusammenstecken und heften. Dann auffalten und prüfen, ob die Ecklinie gerade verläuft, bevor die Naht mit der Nähmaschine genäht wird. Das überstehende Stoffdreieck abschneiden und den Saum aufbügeln. Ein weiteres langes und ein kurzes Bordü-

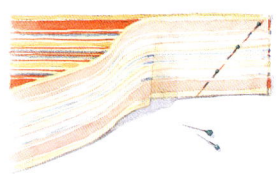

renteil ansetzen, sodass eine Art Rahmen entsteht. Einen zweiten Rahmen aus den vier übrigen Streifen nähen.

3 Zur Fertigung des Futterals für die Gardinenstange ein Stück des Streifenstoffs zuschneiden (Breite des Vorhangs x

Durchmesser der Stange plus 5 cm). Das Streifenmuster sollte längs verlaufen. Alternativ kann man auch einen einfarbigen Stoff verwenden. Die beiden kurzen Seiten 1 cm umschlagen, bügeln und mit der Nähmaschine steppen. Dann den Stoffstreifen rechts auf rechts längs in der Hälfte falten; heften und an der langen Seite 1,5 cm von der Kante steppen. Mit einer Stricknadel das Futteral von innen nach außen wenden und bügeln, sodass der Saum direkt an der Seitenkante verläuft.

4 Einen der beiden Bordürenrahmen auf links auf einer ebenen Unterlage ausbreiten und den Futteralstreifen 0,5 cm vom oberen Rand entfernt stecken, heften und mit der Nähmaschine steppen. Danach die untere Kante des Futteralstreifens steppen.

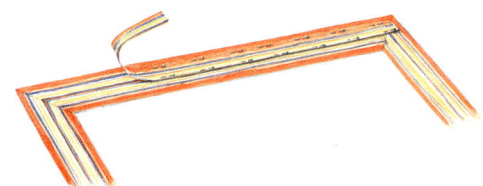

5 Die beiden Bordürenrahmen rechts auf rechts aufeinander legen, zusammenstecken, heften und mit der Nähmaschine in 1 cm Abstand von der Außenkante steppen. Die Ecken mit der Schere abschneiden und versäubern. Dann auf links entlang jeder inneren Schnittkante der beiden Bordürenrahmen einen 1,5 cm breiten Saum einbügeln. Den Rahmen auf rechts wenden und bügeln.

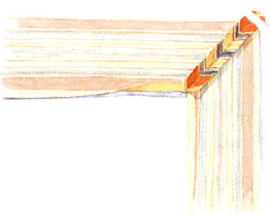

6 Eine Bahn des durchbrochenen Baumwollstoffs entsprechend den Innenmaßen des Bordürenrahmens mit rundum 2 cm Zugabe zuschneiden. Den Stoff in die Mitte des Rahmens zwischen die beiden Längsseiten schieben, stecken, heften und mit der Nähmaschine so knapp wie möglich an der Innenkante des Rahmens entlang steppen.

7 Die Teleskopgardinenstange in das Stofffutteral schieben und den Vorhang am Fenster anbringen.

Material & Werkzeug

Streifenstoff für die Bordüre
Durchbrochener Baumwollstoff
für den Fensterbehang
Teleskopgardinenstange
Lineal
Stricknadel
Nähutensilien

Doppelgardinen

Die Flügeltür aus Glas öffnet sich zum Strand, sodass die Vorhänge im Sommer Schutz vor Sonne und neugierigen Blicken, im Winter vor Kälte und Zugluft gewähren sollen. Als Lösung bieten sich Doppelschienen an: Am Spanndraht hängt feingewebter Leinenstoff, an der Gardinenstange aus Edelstahl ein gefütterter Vorhang. Endstücke aus satiniertem Glas runden den eleganten Stil ab.

Der Fachhandel bietet eine große Auswahl an Doppelschienensystemen an, wobei unser Beispiel durch seine schlichte Eleganz und Stabilität besticht (siehe S. 188). Zum Spanndraht passend wurden hier zierliche Vorhangklips gewählt, während die vordere Stange mit Edelstahlklammern in zwei Varianten kombiniert wurde. Die Übergardine aus bedrucktem Stoff ist hinterfüttert und mit einem breiten Rippenband eingefasst. Das Köpfchen bilden zwei kleine Tunnelsäume im Abstand von 10 cm, durch die Paspelband gefädelt und darüber der Stoff gekräuselt wird. Die Gardinenhaken aus Metall werden von Hand an der Rückseite des Vorhangs angenäht. Reizvoll und verspielt wirken die Schleifen vor den Haken, die diese auch ersetzen könnten.

Für die innere, leichte Gardine anderthalb Bahnen des feingewebten Leinenstoffs mit 7,5 cm Saumzugabe zuschneiden. Die Bahnen mit einem französischen Saum zusammennähen (siehe S. 102, Schritt 1). Bügeln, heften und mit der Nähmaschine an drei Stoffseiten einen Doppelsaum von 2,5 cm steppen. Dann schmales Gardinenband entsprechend der Anleitung auf S. 182 aufnähen.

Doppelgardinen

2 Für eine Hälfte der Übergardine zwei Stoffbahnen in der benötigten Länge mit 31 cm Zugabe zuschneiden. Dabei auf eine ausreichende Stoffmenge für die Musterwiederholung achten (siehe S. 179). Zweimal Futterstoff in gleicher Größe mit 4 cm Saumzugabe zuschneiden. Paspelband in der zweifachen Breite des Vorhangs zuschneiden.

3 Die beiden Stoffbahnen rechts auf rechts zusammenstecken, an der Längsseite rechts heften, mit der Nähmaschine einen 1,5 cm breiten Saum steppen und den Saumüberstand aufbügeln.

4 Auf beiden Seiten den Stoff 6 cm breit auf links umschlagen, stecken, heften und den Saum mit Saumstich (siehe S. 183) nähen. Flachbügeln.

5 Die Oberkante der Gardine 11 cm einschlagen, bügeln und wieder auffalten. Dann die Unterkante 20 cm einschlagen, bügeln, wieder öffnen und die Schnittkante an den entstandenen Faltknick legen. Erneut bügeln und wieder öffnen.

6 Das Rippenband in Vorhanglänge mit 15 cm Zugabe schneiden und auf rechts auf die Mittelkante stecken, wobei 6 cm von der Oberkante und 10 cm von der Unterkante ausgelassen werden. Heften und mit der Nähmaschine an beiden Kanten des Bands entlangnähen. Auf links an der Unterkante einen 10 cm breiten Doppelsaum falten und mit Fischgrätenstich (siehe S.183) nähen. Die beiden offenen Seiten von Hand zunähen.

7 Das Rippenband in der Breite des fertigen Vorhangs mit 3 cm Zugabe schneiden und an der Unterkante der Gardine feststecken. An der Ecke diagonal unterfalten, sodass es auf der anderen Stoffseite bündig

an die Bordüre stößt. Mit der Nähmaschine festnähen und die Bandreste sauber abschneiden.

8 Die Oberkanten des Futterstoffs versäubern. Rechts auf rechts steppen, sodass die Futterbreite mit der Vorhangbreite übereinstimmt. Falls notwendig, das Futter entsprechend zuschneiden. Die Kanten versäubern.

9 Einen 12 cm breiten Saum einfalten, öffnen und 6 cm breit bis an den Faltenknick umbügeln. Wieder einschlagen, stecken, heften und mit der Nähmaschine am oberen Saumrand steppen. Die Seiten des Futterstoffs 3 cm einschlagen, stecken, heften und von Hand mit Saumstich festnähen.

10 Den Futterstoff mit jeweis 3 cm Abstand zu den Seitenkanten links auf links bündig auf den Vorhangstoff legen. Der Saum des Futters sollte dabei 3 cm oberhalb des Stoffsaums liegen. Stecken, heften und das Futter mit Saumstich an beiden Längsseiten auf den Gardinenstoff nähen.

11 An der Oberkante 2 cm umbügeln und – sich am bei Schritt 5 entstandenen Faltknick orientierend – weitere 9 cm umschlagen. Umbügeln, dabei die Oberkante des Futters mit einfassen.

12 Das Rippenband auf links auf die Oberkante des Umschlags stecken und heften, sodass auf rechts nur knapp 1 cm davon sichtbar ist. 0,5 cm von der Oberkante entfernt mit der Nähmaschine steppen, wobei die Schnittkanten des Bands mit eingefasst werden.

13 Das Paspel-
band unter dem Saum
auf der ganzen Breite
zwischen die beiden
Stoffschichten einlegen,
feststecken und heften.
Durch eine zweite Naht
einen Tunnelsaum von 1 cm Breite
um das Rippenband nähen. 6 cm weiter unten einen
zweiten Tunnelsaum anlegen. Die Nähte greifen gleichzeitig den Umschlag, den Saum und den Futterstoff.

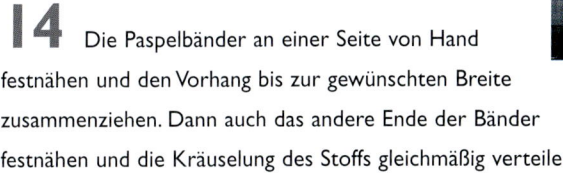

14 Die Paspelbänder an einer Seite von Hand
festnähen und den Vorhang bis zur gewünschten Breite
zusammenziehen. Dann auch das andere Ende der Bänder
festnähen und die Kräuselung des Stoffs gleichmäßig verteilen.

15 2 cm von der Oberkante des Vorhangs beginnend auf links die Positionen
für die neun Messinghaken gleichmäßig aufteilen, markieren und die Haken festnähen.
Die Oberseite der Haken sollte sich auf einer Höhe mit der oberen Naht befinden.

16 Für die Schleifen neun 90 cm lange Stücke des stärkeren Paspelbands sowie
neun Stoffstücke im Maß 90 x 3 cm zuschneiden. Der Länge nach rechts auf rechts
steppen und mithilfe einer Stricknadel von innen nach außen wenden.

17 Eine Sicherheitsnadel
am Ende eines der Paspelband-
Stücke befestigen und ihn durch die
Schleifenhülse ziehen. Die Enden säuberlich verknoten, überstehende Reste
abschneiden und jede Schleife mit wenigen
Stichen mittig über dem Haken fixieren.

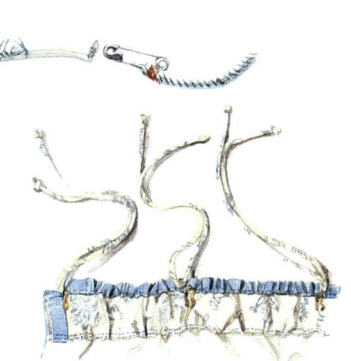

Den zweiten Schal der Übergardine auf
die gleiche Weise anfertigen. Dabei besonders
auf den gleichen Musterverlauf und die richtige
Seite für das Rippenband achten.

Material & Werkzeug

Stoff für die Übergardine
Futterstoff
Fein gewebter Stoff für die
Innengardine
Rippenband
Paspelband für die Vorhänge
Kräftigeres Paspelband für
die Schleifen
Gardinenhaken aus Messing
Doppelschienensystem
Transparentes Gardinenband
Strick-, Sicherheitsnadel
Lineal
Nähutensilien

Querbehang mit Applikation

Traditionell werden die Oberkanten von Vorhängen mit kunstvollen, schweren Schabracken oder starren Volants verdeckt. In einem modernen Wohnambiente wirken diese Methoden jedoch übertrieben schwülstig und nehmen zudem viel Licht weg. In unserem Beispiel sollte der attraktive Ausblick auf den Fluss so wenig wie möglich beeinträchtigt werden. Auf ein dezentes Kaschieren des oberen Vorhangabschlusses und der Schienen wollte man dennoch nicht verzichten. Als Lösung bietet sich ein schmaler, zierlicher Querbehang an, auf den eine Wellenapplikation in einer Kontrastfarbe aufgesteppt wird.

Querbehang mit Applikation

Die Gardinen wurden aus einem 3 m breit liegenden Stoff in einem Stück ohne Zwischennähte gefertigt. Falls ein Stoff weniger breit liegt, können auch mehrere Stoffbahnen zusammengenäht werden. Die ungefütterte Gardine ist nach der Anleitung auf Seite 58 zu nähen. Der Querbehang wird mit selbstklebendem Klettband an der Gardinenschiene befestigt.

1 Für den Querbehang einen Stoffstreifen in der benötigten Breite mit 4 cm Zugabe und in doppelter Querbehanghöhe mit 6 cm Zugabe zuschneiden. Den Stoff der Länge nach in der Mitte falten, rechte Seite nach außen, und bügeln. Wieder öffnen, von der Oberkante 3 cm einschlagen, bügeln und wieder auffalten.

2 Eine Schablone aus Papier mit dem Wellenmuster für die Applikation ausschneiden, wobei die Schablone etwas schmaler als der Querbehang sein sollte.

3 Einen ausreichend langen Streifen des Stoffs in der Kontrastfarbe mit 4 cm Zugabe und mindestens 4 cm breiter als die Schablone zuschneiden. Die Schablone am Rand des Stoffes beginnend auf der linken Stoffseite feststecken und die Umrisse mit Schneiderkreide nachziehen. Dann die Schablone immer wieder anlegen, bis das Wellenmuster auf der ganzen Länge vorgezeichnet ist. Den Stoff mit 1 cm Zugabe entlang der oberen und unteren Kreidelinie zuschneiden.

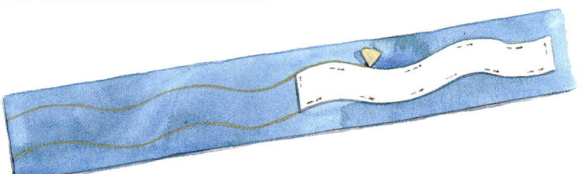

4 Auf dem Wellenstreifen (rechte Seite nach oben) mit der Nähmaschine an der Kreidelinie entlang steppen. Dann den 1 cm

breiten Saumüberstand etwa alle 5 cm bis fast an die Nahtlinie einschneiden, nach innen umlegen und heften. Dann auf den aufgefalteten Stoffstreifen aus Schritt 1 mittig zwischen die beiden Faltknicke legen, an der Oberkante einen 3 cm breiten Saumrand belassen. Stecken, heften und mit der Nähmaschine aufnähen.

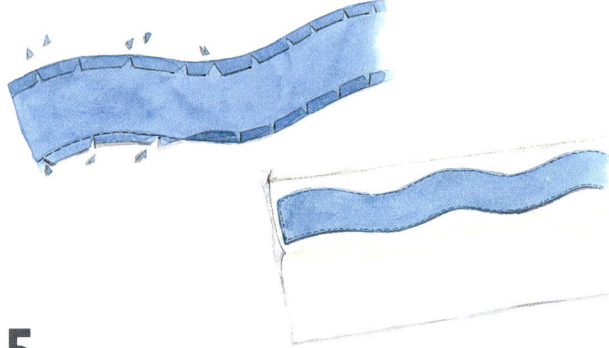

5 Einen Streifen Zwischenfutter in der Querbehangbreite und in der benötigten Höhe mit 3 cm Zugabe zuschneiden. Den Stoff mit der Applikation nach unten auf einer ebenen Unterlage ausbreiten und das Zwischenfutter entlang des mittleren Faltknicks mittig auflegen. Das Futter mit Kettenstich (siehe S. 184) am Faltknick festnähen.

6 Die Seitenkanten 2 cm einschlagen, bügeln und wieder öffnen. Dann zu einem Doppelsaum einschlagen und von Hand mit kleinen Stichen an das Zwischenfutter nähen.

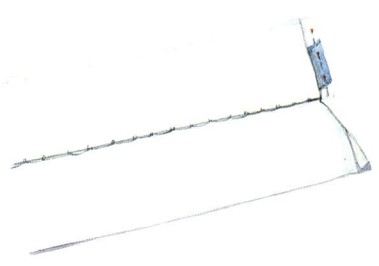

7 Den Stoff über das Futter falten, stecken und mit einer 3 cm von der Oberkante verlaufenden Heftnaht fixieren. Dann den Stoff umdrehen. Das Klettband in der Länge des Volants zuschneiden und die Flauschhälfte entlang der gehefteten Nahtlinie stecken, heften und mit der Nähmaschine steppen. Die Heftfäden entfernen, den Stoff umdrehen und die überstehenden Reste von Stoff und Futter hinter dem Klettband sauber abschneiden.

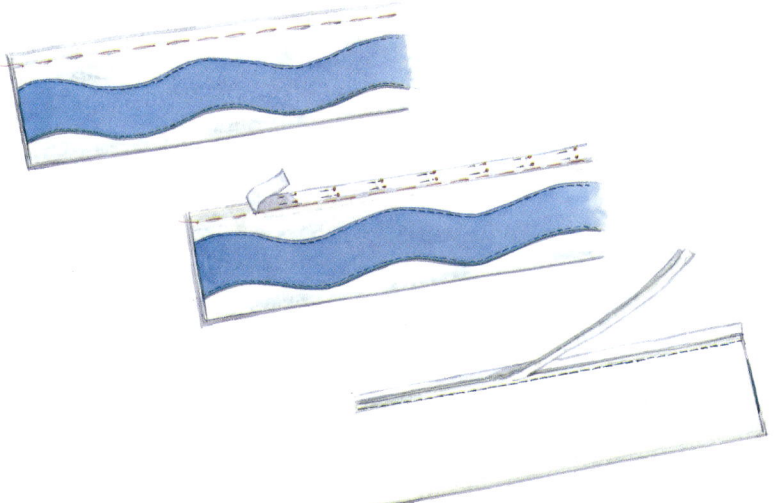

8 Das Klettband umfalten und von Hand auf die linke Seite des Stoffs steppen, wobei die Nadel nur die hintere Stoffschicht erfassen sollte. Die Hakenhälfte des Klettbands an der Schiene befestigen und den Volant anbringen.

Material & Werkzeug

Stoff für den Vorhang und
den Querbehang
Stoff in Kontrastfarbe für
die Applikation
Papier für die Schablone
Schwerer Zwischenfutterstoff
20 mm breites selbstklebendes
Klettband in der Länge des
Querbehangs
Nähutensilien

Schwedisches Rollo

Dieser Rollotyp findet sich überall in Schweden anstelle von Vorhängen und zollt der Doppelverglasung und guten Isolierung der Häuser Tribut. Am besten kommt diese schlichte Fensterdekoration zur Geltung, wenn sie aus einem schweren, doppelseitig gewebten Leinen gefertigt ist, das schön fällt. Spezielle Glasringe ermöglichen es, die Zugschnüre leicht zu bedienen.

Schwedisches Rollo

Dieses Rollo ist leicht herzustellen und unkompliziert im Gebrauch. Es wird mit Klettband an einer Holzleiste befestigt, die oberhalb des Fensters an die Wand oder über einem schrägen Dachfenster an die Decke geschraubt wird. In unserem Beispiel sorgt die doppelte Stoffverarbeitung für eine besonders gute Isolierung.

1 Zwei Stoffbahnen mit 15 cm Zugabe in der gewünschten Länge und mit 4 cm Zugabe in der Breite zuschneiden. Die beiden Stoffbahnen rechts auf rechts auf einer ebenen Unterlage ausbreiten, an den Seitenkanten und der Unterkante zusammenstecken, heften und mit der Nähmaschine 2 cm von der Kante entfernt steppen. Die Ecken sowie die überstehenden Saumränder abschneiden und die Schnittkanten von Hand oder mit der Nähmaschine mit Zickzackstich versäubern. Wenden und bügeln.

2 Das Rollo auf einer ebenen Unterlage ausbreiten und an der Oberkante einen 2 cm breiten Saum umbügeln und heften. Die Flauschhälfte des Klettbands so auf den Stoff heften, dass sie die Schnittkanten bedeckt. Heften und mit der Nähmaschine festnähen.

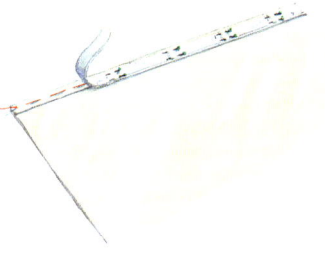

3 Das untere Ende des Rollos an den Holzstab tackern.

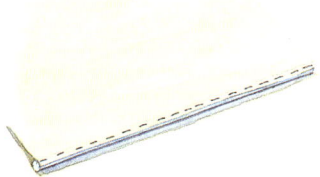

4 Die Befestigungsleiste mit Stoff verkleiden: einfach festtackern und dabei auf sorgfältig umgeschlagene Ecken achten. Die flauschige Seite des Klettbands an der Vorderseite der Leiste festtackern.

5 Für die Aufhängeschlaufen zwei Stoffstreifen in den Maßen 30 x 10 cm zuschneiden. Jeden Streifen der Länge nach rechts auf rechts falten. An der Längsseite zusammenstecken, heften und unter 0,5 cm Saumzugabe mit der Nähmaschine steppen. Rechte Seite nach außen wenden und bügeln. In der Hälfte falten, durch jeden Glasring eine der Schlaufen ziehen und deren Schnittkanten auf der Rückseite der Befestigungsleiste festtackern.

6 Zwei Schnüre in vierfacher Länge des Rollos zuschneiden, ein Ende jeder Schnur verknoten und die Knoten über den Schlaufenenden an die Rückseite der Befestigungsleiste tackern.

7 Mithilfe einer Ahle zwei Löcher in die Vorderseite der Befestigungsleiste vorbohren, ohne dass das Klettband sich dadurch verdreht. Dann ein Loch durch die Leiste bohren und sie in der Fensternische verschrauben. Die Krampe zum Fixieren der Zugschnur neben dem Fenster befestigen.

8 Das Rollo mit dem Klettband an der Befestigungsleiste anbringen und die Zugschnüre entsprechend der Zeichnung führen. Den Stoff nach vorn aufrollen und ganz nach oben ziehen.

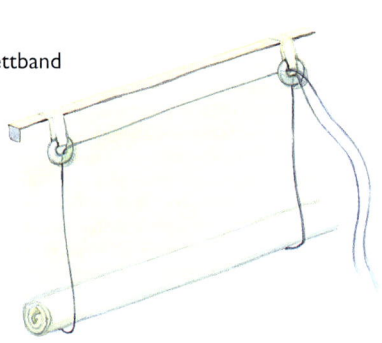

Material & Werkzeug

Doppelseitig gewebter
Leinenstoff

Klettband in der Breite des Rollos

Befestigungsleiste aus Holz in
der Breite des Rollos

Runder Holzstab in der
Breite des Rollos

Zugschnur

Zwei Glasringe

Krampe mit Schrauben

Tacker

Ahle

Bohrer

Schraubenzieher, Schrauben

Nähutensilien

Mit erstaunlich wenig Aufwand erhielt hier ein unattraktives, unproportional hoch über dem Fußboden liegendes Fenster eine höchst individuelle Note. Transparente Stoffbehänge aus leichtem Nesselstoff lassen viel Licht in den Raum, während zusätzlich anknöpfbare Stoffrechtecke bei Bedarf für mehr Privatsphäre sorgen. In deren Mitte bilden bestickte Leinenapplikationen einen aparten Blickfang.

Bestickter Fensterbehang

Bestickter Fensterbehang

Auf den transparenten Nesselstoff dieses Fensterbehangs wurden blickdichte Stoffrechtecke geknöpft, deren Mitte aufgenähte Leinenapplikationen schmücken. Einige davon sind mit Monogrammen bestickt.

1 Den Nesselstoff für den Behang in den benötigten Maßen mit rundum 2 cm Saumzugabe zuschneiden. Die Seitenkanten 2 cm einschlagen und bügeln. Öffnen und 1 cm breit zu einem Doppelsaum umbügeln, dann auffalten. Die Ecken zurechtschneiden, Briefecken bilden und den Doppelsaum wieder umschlagen. Die Briefecken mit Saumstich (siehe S. 183) schließen und die vier Seiten des Fensterbehangs mit der Nähmaschine steppen.

2 Für die anknöpfbaren Stoffrechtecke Leinen in den benötigten Maßen mit rundum 1 cm Saumzugabe zuschneiden. An jeder Seite zweimal 0,5 cm zu einem schmalen Doppelsaum einschlagen, bügeln, heften und steppen. Den mit dem Monogramm bestickten Stoff ausschneiden und einen 0,5 cm breiten Saum an jeder Seite einbügeln, in der Mitte des aufknöpfbaren Stoffteils aufstecken und heften, mit blauem Stickgarn von Hand mit Einfassstich aufnähen.

3 Die Knopflöcher auf dem Stoffrechteck markieren und von Hand oder mit der Nähmaschine ausarbeiten. Dann auf den Nesselstoff legen, mit Stecknadeln die Position der Knöpfe markieren und diese annähen.

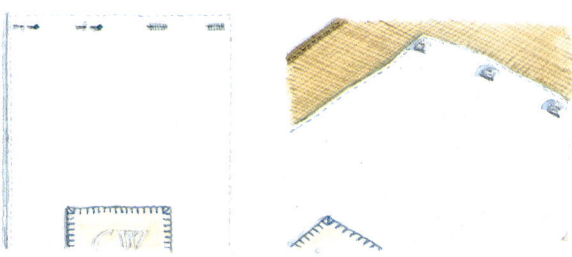

4 Zwei Baumwollbänder in je 5 cm Länge schneiden, zu Schlaufen falten und von Hand direkt unter der Oberkante neben den Seitensäumen an die Rückseite nähen.

5 Zum Aufhängen zwei Schraubhaken im Abstand der Hängeschlaufen in den Fensterrahmen drehen und den Behang daran aufhängen. Ein wenig Klebstoff auf die Schraubenköpfe geben und zur Dekoration Kieselsteinchen darauf befestigen.

Material
& Werkzeug

Leichter Nesselstoff

Leinen (hier wurden Leinen-
geschirrtücher verwendet)

Antikes Leinen mit Monogrammstickerei

Blaues Stickgarn

Knöpfe

Baumwollband

Kieselsteinchen

Schraubenzieher und Schrauben

Starker Klebstoff

Nähutensilien

Pfiffig, ungewöhnlich und doch vertraut: In Patchwork-Manier zusammengenäht ergeben herkömmliche Geschirrtücher eine ausgefallene Fensterdekoration. Der weitläufige, hohe Raum mit dem prächtigen Kronleuchter wirkt durch den Vorhang aus schlichten Leinentüchern heiter und wohnlich.

Patchwork-Vorhänge

Patchwork-Vorhänge

Der Vorhang hat eine Länge von ca. 3 m und doppelte Stoffbreite für jede Vorhanghälfte. Die Anzahl der benötigten Geschirrtücher ermittelt man, indem man die gewünschten Maße des Vorhangs auf dem Fußboden markiert und die Tücher puzzleartig zu einem ansprechenden Muster zusammenfügt. Ergeben sich Lücken, können diese durch weiße Geschirrtücher geschlossen werden. Jedes Geschirrtuch sollte doppelt vorhanden sein, sodass beide Vorhanghälften das gleiche Muster aufweisen.

1 An der Oberkante beginnend die Geschirrtücher rechte Seite nach unten auf dem Fußboden ausbreiten, wobei die Tuch-

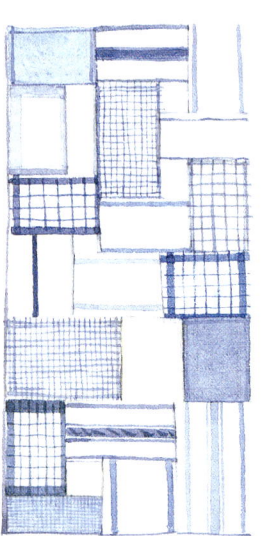

kanten sich etwa 1,5 cm überlappen sollten. Bei gleicher Größe können die Geschirrtücher in Reihen ausgelegt werden. Sind sie unterschiedlich groß, lassen sich die Lücken mit schlichten, weißen Geschirrtüchern füllen. Besondere Aufmerksamkeit sollte man der Mittelkante der Vorhänge schenken, da diese besonders ins Auge fällt. Als Saumzugabe in der Länge mindestens 17 cm und in der Breite 10 cm veranschlagen.

2 Die Geschirrtücher an der Oberkante beginnend zusammennähen. Die ersten beiden Tücher rechts auf rechts mit einer Nahtzugabe von ca. 1 cm zusammenstecken, heften und mit der Nähmaschine steppen. Die Nahtzugabe auffalten und flachbügeln. Mit dem Annähen der anderen Geschirrtücher in gleicher Weise fortfahren. Die Nähte stets auffalten und bügeln.

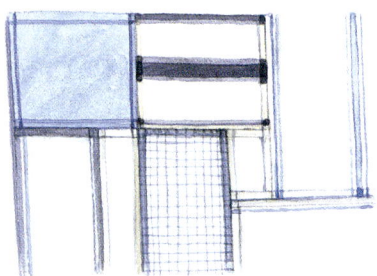

3 Für den oberen Abschluss das Stoffpuzzle linke Seite nach oben ausbreiten und einen 5 cm breiten Streifen Steifleinen an der Oberkante auflegen. Dabei an den Längsseiten der Gardine je 5 cm und an der Oberkante 2,5 cm Rand stehen lassen.

Die Oberkante 2,5 cm über das Steifleinen einschlagen und bügeln. Dann das Steifleinen ebenfalls umschlagen und bügeln.

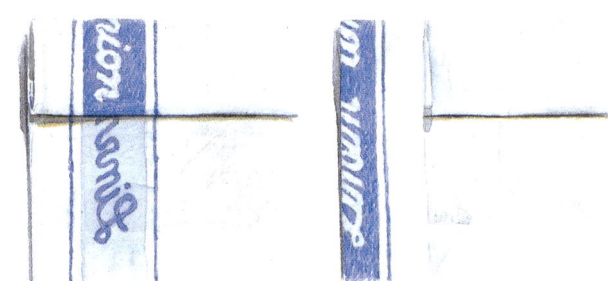

4 An den Längsseiten einen 5 cm breiten Saum einschlagen, bügeln, öffnen, zu einem Doppelsaum umschlagen und erneut bügeln. Die Seitensäume bis 10 cm oberhalb der Unterkante von Hand mit Fischgrätenstich (siehe S. 183) festnähen, dann an der Oberkante das Steifleinen mit Fischgrätenstich befestigen.

5 Am unteren Vorhangrand einen Doppelsaum steppen. Dazu 5 cm einschlagen, bügeln, wieder öffnen und den Umschlag noch

einmal in der Hälfte einbügeln. An den unteren Innenecken zwei Gardinengewichte anbringen. Die zuerst entstandene Falte wieder einschlagen und von Hand mit Fischgrätenstich festnähen. Die Ecken mit sauberen Stichen nähen.

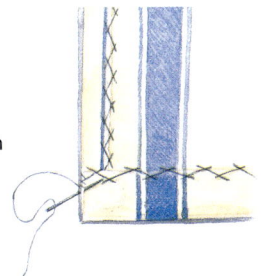

6 Zweimal Futterstoff in der Größe der gesäumten Gardinen mit 4 cm Zugabe in der Breite und 6 cm Zugabe in der Länge zuschneiden. An den Seitenkanten und der Oberkante einen 2,5 cm breiten Saum einschlagen, bügeln und mit der Nähmaschine steppen. Dann an der Unterkante einen 4 cm breiten Saum einschlagen, bügeln und steppen. Das gesäumte Futter mittig links auf links auf den Vorhang legen, wobei die Unterkante nur knapp über dem unteren Vorhangsaum liegen sollte. Stecken, heften und mit Saumstich (siehe S. 183) an den Seiten und an der Oberkante festnähen. Die Unterkante bleibt offen. Bügeln.

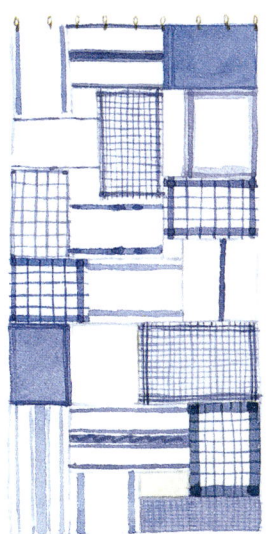

Die zweite Vorhanghälfte auf gleiche Weise anfertigen, hier die Anordung der Geschirrtücher spiegeln. Zum Schluss den Vorhang mit Gardinen-Klips, die im Abstand von 15–20 cm angebracht sind, aufhängen.

Material & Werkzeug

Ca. 40 blau-weiß gemusterte Geschirrtücher, gewaschen und gebügelt (die Säume säuberlich abtrennen)
Schlichte, weiße Geschirrtücher zum Füllen der Stofflücken
Futterstoff
5 cm hohes Steifleinen in der Breite der ungerafften Gardinen
Acht Gardinengewichte
Vorhang-Klips
Nähutensilien

Für diesen Fensterbehang aus Baumwolle mit einer zarten Lochstickerei wurden die zierlichen Gardinenstangen mit Scharnieren speziell gefertigt. An der oberen und unteren Kante befestigt, sorgen die beweglichen Stangen für ein müheloses Öffnen und Schließen der dezenten Fensterverkleidung, die das Außenlicht weich filtert. Diese Dekorationsidee eignet sich besonders für französische Fenster.

Schwenkbarer Fensterbehang

Schwenkbarer Fensterbehang

Gardinenstangen mit Scharnieren sind im Fachhandel erhältlich. Die hier eingesetzten, besonders zierlichen Stangen hat jedoch ein Metallschlosser extra angefertigt. Die Stangen wurden in schmale Tunnelsäume eingeschoben, wobei sehr akkurat gearbeitet werden muss, da der Behang sich wie ein Segel bauscht und flattert, falls er nicht straff genug sitzt. Ein wenig Wäschestärke hilft den Stoff zu versteifen.

1 Zunächst den Durchmesser der Gardinenstangen messen, der in unserem Beispiel 5 cm beträgt. 1 cm für den Saumüberstand und 1 cm für den Saum zugeben, sodass sich für den Tunnelsaum eine Breite von 7 cm ergibt. Für die Stofflänge des Behangs dieses Maß zweimal zum Abstand zwischen den Gardinenstangen hinzurechnen. In der Breite 3 cm Saum zugeben.

2 Vorhangstoff rechte Seite nach unten ausbreiten, die Seitenkanten 3 cm einschlagen und bügeln. Wieder auffalten, 1,5 cm breit einschlagen und bügeln, sodass die ungesäumten Ränder am Faltknick anliegen. Heften und mit der Nähmaschine steppen.

3 Die Unterkante des rechte Seite nach unten liegenden Stoffs um das Maß des Saumtunnels (7 cm) einschlagen und bügeln. Öffnen, den Umschlag in der Hälfte einfalten, bis der ungesäumte Rand an der Knickfalte anliegt. Nun zu einem Doppelsaum einschlagen, stecken, heften und steppen. Mit Lineal und Bleistift 1 cm oberhalb der Unterkante eine Linie markieren. Mit der Nähmaschine entlang dieser Linie die Saumkante steppen.

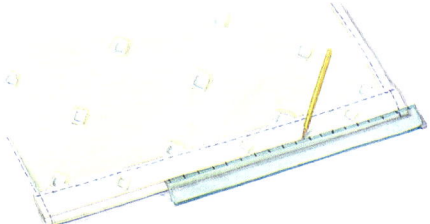

4 Den Stoff drehen, sodass die Oberkante unten liegt, und Schritt 3 wiederholen, um den oberen Tunnelsaum anzufertigen. Zum Anbringen des Fensterbehangs die Scharnierstangen am Fenster befestigen und den Stoff darüber ziehen.

**Material
& Werkzeug**

Zarter, weißer Baumwollstoff
mit Lochstickerei
Zwei Gardinenstangen mit
Scharnier
Langes Lineal und Bleistift
Schraubenzieher
Nähutensilien

Stoffbahnen auf Gleitschienen

Auf einem Vorhangschienensystem verlaufende Stoffbahnen aus halbtransparentem Voile und einem dichteren Leinenstoff ergeben hier eine multifunktionale Fensterdekoration. Der Voile mit Punktmuster filtert das Tageslicht, das Leinen bietet einen vollkommenen Sichtschutz.

Stoffbahnen auf Gleitschienen

Eine schlichte und praktische, aber dennoch elegante und topaktuelle Fenstergestaltung: Auf den vier parallel zueinander verlaufenden Schienen lassen sich jeweils ein oder zwei Stoffbahnen bewegen, die am unteren Ende beschwert und an der Oberkante mit Klettband befestigt wurden. So können die halbtransparenten oder dichter gewebten Stoffbahnen jeweils unabhängig voneinander verschoben werden und bieten damit einen variablen Licht- und Sichtschutz. Dieses System wird nach Maß gefertigt und ist mit einer unterschiedlichen Anzahl von Schienen und Stoffbahnen bei unterschiedlichen Anbietern erhältlich (siehe S. 188).

1 Die benötigte Anzahl an Bahnen der verschiedenen Stoffe mit einer Zugabe von 3 cm in der Breite und 7 cm in der Länge zuschneiden.

2 Eine Stoffbahn linke Seite nach oben auf einer ebenen Unterlage ausbreiten und die beiden Seitenkanten 1,5 cm einschlagen. Bügeln, öffnen und halb so breit einschlagen. Wieder bügeln und an der zuerst entstandenen Knickfalte zu einem Doppelsaum einschlagen. Stecken, heften und mit der Nähmaschine an beiden Seitenkanten steppen.

3 Die Oberkante 1 cm einschlagen und bügeln. Von der Flauschhälfte des Klettbands ein Stück in der Breite der Stoffbahn abschneiden und an der Oberkante so auflegen, dass die ungesäumte Kante des Stoffs davon bedeckt ist. Stecken, heften und mit der Nähmaschine steppen.

4 Die Unterkante 3 cm einschlagen und bügeln. Weitere 3 cm einschlagen und erneut bügeln. Wieder ganz auffalten und ein Gardinengewicht mittig zwischen die Knickfalten einlegen. Den Stoff zweimal umschlagen, stecken und das Gewicht wieder entfernen. Heften und mit der Nähmaschine dicht an der Kante des Umschlags steppen, dann das Gewicht wieder in den Saumtunnel einschieben und mittig positionieren. Die beiden Enden von Hand zunähen, damit das Gewicht nicht herausgleiten kann. Die übrigen Stoffbahnen ebenso bearbeiten.

5 Das Schienensystem entsprechend der Anleitung des Herstellers montieren.

Material & Werkzeug

Weißer Leinenstoff
Halbtransparenter Voile mit
Punktmuster
Klettband
Vorhangschienensystem inkl. der
Schienen, der Gewichte und der
Befestigungsträger für die Stoff-
bahnen (siehe S. 188)
Nähutensilien

Wohnlichkeit und zeitlose Eleganz sind die Hauptmerkmale einer klassischen Einrichtung: Harmonie durch ausgewogene Raumproportionen, dezente Farben, bequemes, aber stilvolles Mobiliar und eine Fensterdekoration, die all dies elegant abrundet. In diesem Kapitel zeigen wir zahlreiche Textilien, die alle Sinne ansprechen – kühler, raschelnder Taft, weicher Samt und warme Wolle. Diese Stoffe unterstreichen einen klassischen Stil in vielfältiger Weise, je nachdem, wie sie bei der Einrichtung eingesetzt werden. Die Möglichkeiten reichen hierbei vom Taftvorhang im italienischen Stil bis zum schlichten Springrollo aus traditionellem Matratzendrell. All diese Fensterdekorationen sind auf die jeweilige Form des Fensters sowie auf die Bedürfnisse der Hausbewohner abgestimmt. Bei klassischen Vorhanglösungen spielen die Proportionen eine besondere Rolle. Bodenlange Gardinen sollten voluminös genug sein, um einen schönen Faltenwurf zu garantieren, ohne dabei jedoch schwülstig zu wirken; eine Gardine mit angesetztem Querbehang muss im Verhältnis zur Fenstergröße lang genug fallen. Selbstverständlich sind es auch hier Details, wie die Stoffarbe oder eine Samteinfassung, die den Gesamteindruck wesentlich bestimmen.

Klassisch

Die hier vorgestellten Gestaltungsideen repräsen-
tieren – jede auf ihre Weise – den klassischen Stil.
Auf den folgenden Seiten erfahren Sie, wie dieser
Stil variiert und für einen modernen Einrichtungsstil umgesetzt werden kann.

Duschvorhang aus Frotteevelours

Der Vorhang aus Frotteevelours verleiht der gusseisernen Badewanne im Antik-Stil eine majestätische Note. Er ist mit schlichten Haken, die in großen Metallösen stecken, an einem Chromring befestigt. Der Stoff wurde mit einer dekorativen Zierbordüre aus Baumwolle eingefasst und durch ein leichtes Futter aus Synthetik unempfindlich gegen Feuchtigkeit gemacht. Der großzügige, üppige Fall des Vorhangs bis auf den Boden unterstreicht den luxuriösen Touch.

Duschvorhang aus Frotteevelours

Große Metallösen sind im Fachhandel erhältlich (siehe S. 188), aber nicht ganz einfach zu handhaben. Fragen Sie bei Fachgeschäften nach, ob sie einen Service anbieten, die Metallösen in den von Ihnen gewählten Stoff zu stanzen. Auf diese Weise gehen Sie sicher, dass die Ösen auch wirklich akkurat in einer Reihe liegen. Da die Oberkante des Vorhangs fest genug sein sollte, um zu stehen, wurde sie mit besonders kräftigem Steifleinen verstärkt. Diese Gestaltungsidee erfordert eine beachtliche Stoffmenge, die so kalkuliert sein muss, dass der Vorhang die Badewanne komplett umspannen kann.

1 Jeweils drei Bahnen des Frotteevelours und des Futters in der benötigten Länge mit einer Zugabe von 52 cm zuschneiden. Kalkulieren Sie die Stofflänge großzügig, denn der Badewannenumfang schluckt eine Menge Material. Die Stoffbahnen zusammennähen (siehe S. 181).

2 Den Velours linke Seite nach unten auf einer ebenen Unterlage ausbreiten. Dann den Futterstoff rechts nach unten so auf den Velours legen, dass die vier Kanten genau übereinander liegen. Stecken, heften und mit der Nähmaschine oben und an den Seiten steppen. Die Ecken zurechtschneiden und die beiden zusammengenähten Stoffe von innen nach außen wenden.

3 Den Vorhang mit der Veloursseite nach unten flach ausbreiten und die Oberkante 15 cm einschlagen. Bügeln und wieder öffnen. Den Steifleinenstreifen unter der Faltlinie anlegen, dabei an den Seiten 3 cm Rand lassen. Stecken.

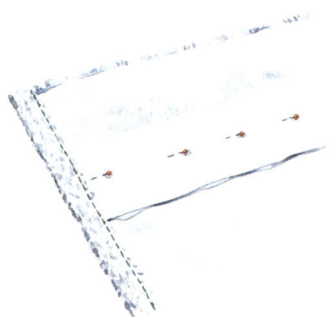

4 Einen 3 cm breiten Umschlag an den Seitenrändern bügeln, stecken, heften und über dem Steifleinen feststeppen.

5 Die Oberkante über das Steifleinen einschlagen, dann dieses zurückfalten. Stecken und von Hand mit Saumstich festnähen (siehe S. 183).

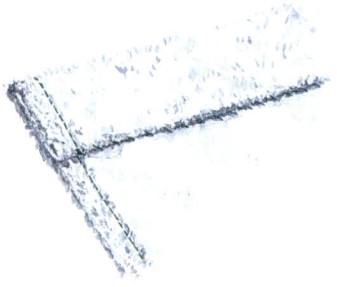

6 Mit dem Spezialwerkzeug, das zu den Metallösen dazugeliefert wird, eine Reihe von Ösen in der Mitte des Steifleinens in ca. 30 cm Abstand einschlagen.

7 Für den unteren Saum einen 20 cm breiten Umschlag in die Unterkante des Vorhangs bügeln, öffnen und danach 10 cm breit umschlagen, sodass die Schnittkante am Faltknick anliegt. Erneut umschlagen, stecken, heften und mit Saumstich festnähen.

8 Die Baumwollborte an die Ober- und Unterkanten sowie an die Seiten von Hand annähen. Durch jede Metallöse einen Haken ziehen und den Vorhang am Chromring aufhängen.

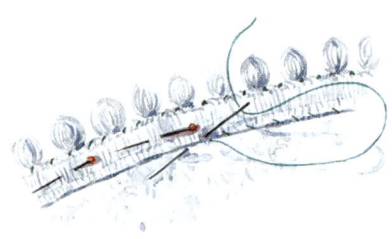

Material
& Werkzeug

Frotteevelours in mindestens
dreifacher Breite des Chrom-
ringumfangs
Transparenter, wasserfester
Futterstoff in gleicher Breite wie
der Velours
Zierborte aus Baumwolle
15 cm breites Steifleinen, 5 cm
kürzer als die Vorhangbreite
Metallösen-Satz
Vorhanghaken aus Metall
Nähutensilien

Rollo mit Fransenborte

In kleinen Räumen wie diesem Badezimmer sind Springrollos die ideale Lösung, da sie wenig Platz benötigen und dennoch dekorativ wirken. Ein Springrollo-Bausatz erlaubt eine Stoffauswahl nach eigenen Vorstellungen und man braucht nur wenig Stoff. Die Bommelborte aus Baumwolle verleiht dem Rollo eine verspielte Note.

Springrollo-Bausätze sind fast überall erhältlich. Nähen Sie, bevor Sie das Rollo befestigen, an die untere Rollokante von Hand die Bommelborte an und kleben Sie über das Rundholz mit Textilkleber einen Streifen Samtband. Montieren Sie das Rollo nach Anleitung.

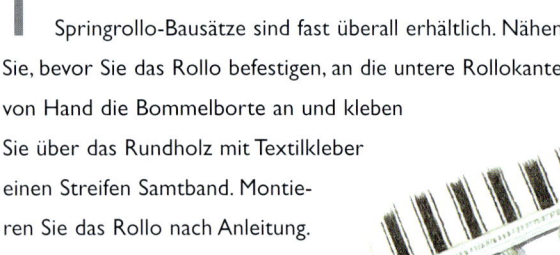

Vorhänge mit Zierkante

Dieses Flügelfenster ist mit einem großzügig bemessenen cremefarbenen Vorhang dekoriert. Der schwere Wollstoff ist ungesäumt und hält im Winter Zugluft ab, während er im Sommer das Sonnenlicht sanft filtert. Der Vorhang, der durch eine Bogenkante und den Bommelbesatz seinen besonderen Pfiff erhält, ist mit schlichten Holzringen an einer alten Gardinenstange befestigt.

Vorhänge mit Zierkante

Inzwischen gibt es eine große Auswahl an schweren, doppelseitig gewebten Stoffen, die keinen Futterstoff mehr benötigen. Das macht das Nähen von Vorhängen fast kinderleicht. Der Bogenrand des hier gezeigten Vorhangs wurde mit aufbügelbarem Futter verstärkt und mit einer Zickzackschere versäubert.

1 Drei Stoffbahnen in der benötigten Länge mit 27 cm Saumzugabe zuschneiden. Für jede Vorhanghälfte eine Stoffbahn längs in der Mitte durchschneiden und eine Hälfte rechts auf rechts an eine ganze Stoffbahn stecken, heften und mit der Nähmaschine an der Webkante entlang steppen. Die Säume flachbügeln.

2 Die Bogenkante wird aus einem schmalen Streifen des Vorhangstoffs gefertigt. Die Länge errechnet man, indem man 6 cm für den oberen Abschluss und die Säumung von der Vorhanglänge abzieht. Die so ermittelte Länge durch die Anzahl der Bögen teilen. Bei einer Länge von 213 cm ergäbe die Rechnung 15 Bögen mit einem Durchmesser von 15 cm. Für die Breite müssen 4 cm plus eine Saumzugabe von 1,5 cm zum Durchmesser der Bögen addiert werden. Den Stoffstreifen längs von der halbierten Stoffbahn abschneiden. Auf links einen aufbügelbaren Streifen Zwischenfutter aufbügeln und die lange Stoffkante versäubern.

3 Eine runde Pappschablone in der Größe eines Bogens schneiden und den Durchmesser mit einer Linie aufzeichnen. Dann den Stoffstreifen rechte Seite nach unten auf eine ebene Unterlage legen

und die Schablone so anlegen, dass die eingezeichnete Linie des Durchmessers genau auf der Schnittkante liegt. Halbrunde Bögen mit Schneiderkreide aufzeichnen und diese mit der Zickzackschere ausschneiden.

4 Alle vier Kanten der Gardine versäubern. Den Gardinenstoff linke Seite nach unten ausbreiten und 6 cm von der Oberkante beginnend die Bommellitze so an der Mittelkante feststecken, dass sie einen 1,5 cm breiten Saum überstehen lässt. Die Borte 24 cm oberhalb der unteren Ecke enden lassen.

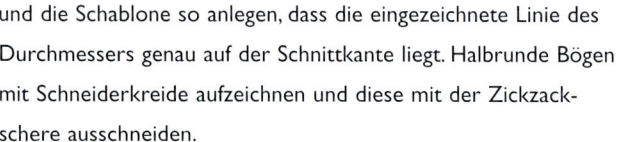

5 Rechts auf rechts die Bogenbordüre auf die Bommellitze legen, stecken, heften und mit der Nähmaschine steppen.

6 Auf rechts einen 24 cm breiten Saum einschlagen, die Seitenkanten zusammenstecken und -heften, mit der Nähmaschine steppen; dabei eine Saumzugabe von 1,5 cm lassen. Die Ecken zurechtschneiden und den breiten Saum von innen nach außen wenden, so dass er auf links liegt. Stecken, heften und mit Saumstich (siehe S.183) festnähen. An der unbearbeiteten Kante den 1,5 cm breiten Saum umbügeln und steppen.

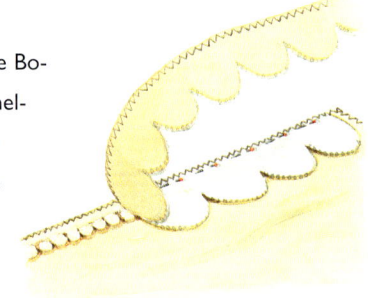

7 Die versäuberten Oberkanten 3 cm umschlagen und mit Saumstich festnähen. Gardinenband in der Breite der Oberkante schneiden und an jedem Ende 1 cm umbügeln. Feststecken, heften und mit der Nähmaschine steppen.

Die zweite Vorhanghälfte in gleicher Weise anfertigen, wobei die Mittelkante spiegelverkehrt gefertigt wird.

Material & Werkzeug

Locker gewebter, cremefarbener Wollstoff
Aufbügelbares Zwischenfutter
Bommellitze
Schmales Gardinenband
Zickzackschere
Pappe für Schablone
Zirkel
Langes Lineal
Nähutensilien

Ungefütterte Vorhänge mit Bordüren

Das große Erkerfenster ziert ein cremefarbener, grob gewebter Vorhang mit schönem Faltenwurf. Das Samtband in Fuchsia und das Satinband in Mauve wurden von Hand auf den Vorhangstoff genäht.

Ungefütterte Vorhänge mit Bordüren

Von Hand genähte Köpfchen erfordern viel handarbeitliches Geschick, Zeit und Geduld. Belohnt wird diese Mühe durch einen Vorhang, der besonders elegant wirkt: ohne sichtbare Nähte und mit einem schönen Faltenwurf. Die Vorhänge in diesem Beispiel sind aus einem schweren, dicht gewebten Leinenstoff gefertigt. Vor dem Erkerfenster würde ein hinterfütterter Stoff viel zu massig fallen und sehr viel Licht schlucken. Die hier gezeigten Vorhangteile bestehen aus jeweils zwei Stoffbahnen.

1 Zwei Stoffbahnen mit einer Längenzugabe von 22 cm zuschneiden und durch einen so genannten französischen Saum miteinander verbinden. Damit werden die Schnittkanten sauber abgeschlossen und ein Ausfransen des Stoffs verhindert. Die Stoffteile links auf links kantengenau aufeinander legen, stecken und heften. 1 cm von der Kante mit der Nähmaschine steppen und die Enden mit Rückwärtslauf sichern. Die überstehenden Nahtkanten bis auf 0,5 cm abschneiden. Den Stoff rechts auf rechts falten und bügeln, sodass die Nähmaschinennaht genau entlang der Kante verläuft. Heften und in 1 cm Abstand von der Kante mit der Nähmaschine steppen. Öffnen und den Saum nach einer Seite umbügeln. Die Seitenränder versäubern.

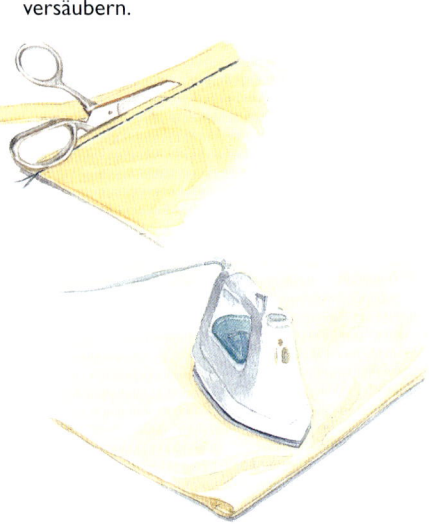

2 Einen einfachen, 5 cm breiten Saum entlang jeder Längsseite bügeln. Die Unterkante 10 cm umbügeln, wieder öffnen und dann 5 cm umschlagen, sodass die Schnittkante direkt am Faltenknick anliegt. Bügeln. An diesem Knick umschlagen zu einem Doppelsaum und von Hand mit Fischgrätenstich festnähen (siehe S. 183). Die Enden sorgfältig mit kleinen Stichen zunähen.

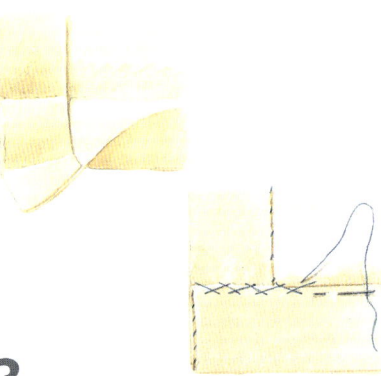

3 Die Oberkante 2 cm einschlagen, bügeln und wieder auffalten. Ebenso die Seitensäume öffnen. Einen Streifen Steifleinen auf die obere Falte legen, sodass

die Enden mit den seitlichen Knicken abschließen. Dann die Ecken im 45°-Winkel einfalten; die Seiten- und Oberkantensäume zusammennähen, sodass Briefecken entstehen. Die Ecken mit Saumstich (siehe S. 183) nähen und die Oberkante mit Fischgrätenstich an dem Steifleinen befestigen. Die seitlichen Säume mit Saumstich nähen.

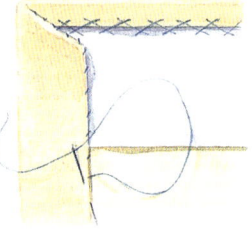

4 Das Steifleinen einschlagen und mit Fischgrätenstich festnähen, dabei die Enden säuberlich schließen. Mit kräftigem Nähgarn zwei parallele Nähte mit langen Kräuselstichen in das Steifleinen nähen (siehe S. 183). Die obere Naht sollte 1,5 cm von der Oberkante verlaufen, die untere 7 cm weiter unten. Auf gleich lan-

ge Stiche in den beiden Nahtreihen achten, die genau parallel zueinander verlaufen sollten. Den Stoff über den beiden kräftigen Zwirnfäden zur gewünschten Breite zusammenziehen. Fest verknoten.

5 Ein Stück Leinenstoff 8 cm hoch und in Vorhangbreite plus 4 cm Saumzugabe zuschneiden. Linke Seite nach oben auf einer Unterlage ausbreiten. Das Gardinenband mittig aufheften und die Ecken bündig umbügeln. Die langen Seiten über das Band umbügeln und festnähen. Briefecken bilden und mit Saumstich nähen. Den gerafften Vorhang links nach oben auf einer Unterlage ausbreiten und den Stoffstreifen mit dem eingenähten Band (rechts nach oben) 1,5 cm von der Oberkante darauf legen. Stecken, heften und von Hand auf den gerafften Stoff nähen, wobei Stoff und Steifleinen mit der Nadel erfasst werden.

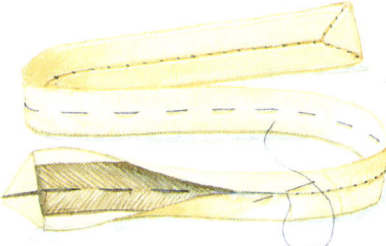

6 Die Gardinenhaken im Abstand von 15–20 cm fest an den Streifen mit dem Gardinenband annähen.

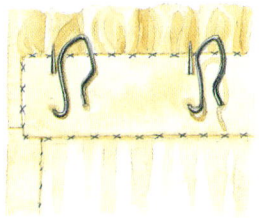

7 Die untere Zierbordüre ca. 20 cm oberhalb der Unterkante stecken und heften, dabei die Bordüre etwas umschlagen. Mit Saumstichen von Hand festnähen. 5 cm weiter oben die zweite Bordüre ebenso auf den Vorhang aufnähen.

Die zweite Vorhanghälfte auf gleiche Weise anfertigen und aufhängen.

Material & Werkzeug

Schwerer Leinenstoff
Für die Bordüre je ein Zierband aus Samt und Satin
10 cm breites, dünnes Steifleinen in Länge der ungerafften Vorhangbreite
3 cm breites Gardinenband in Länge der gerafften Vorhangbreite
Gardinenhaken
Nähgarn, Nähutensilien

Vorhänge mit klassischem Kontrastfutter

Die elfenbeinfarbenen Leinenvorhänge, die mit einem klassisch gemusterten Stoff gefüttert sind, unterstreichen effektvoll die elegante Wirkung der hohen Fenster. Sowohl das Muster als auch die schlichten, schmiede-eisernen Gardinenstangen nehmen die monochromen Farben der Einrichtung des Raumes dezent auf. Die Bänder, an denen die Vorhänge an der Gardinenstange befestigt sind, ermöglichen ein unproblematisches Wenden des Stoffes.

Vorhänge mit klassischem Kontrastfutter

Ein einfarbiger Vorhang gewinnt durch ein gemustertes Futter erstaunlich an Wirkung. In diesem Beispiel wurde ein klassisches Toile-de-Jouy-Muster gewählt, das mit einer schwarzen Kordel abgesetzt wurde. Ein Zwischenfutter sorgt dafür, dass das Muster nicht durch den einfarbigen Stoff durchschimmert.

1 Sowohl aus dem Vorhangstoff als auch aus dem Zwischenfutter eine Bahn in der benötigten Länge plus 10 cm zuschneiden. Den Vorhangstoff linke Seite nach oben auf einer ebenen Unterlage ausbreiten und das Zwischenfutter bündig auflegen.

Dann das Futter in der Breite zur Hälfte umschlagen und mit Kettenstich (siehe S. 184) entlang der Faltenlinie am Vorhangstoff festnähen. Das Futter anschließend wieder auffalten.

2 Den Vorhangstoff zusammen mit dem Futter an allen vier Seiten 5 cm einschlagen. Die Säume umbügeln und wieder auffalten. Dann die Ecken im 45°-Winkel umschlagen und bündig aneinander legen. Bügeln, dann die Säume erneut auffalten. Falls notwendig, überstehende Ecken des Futterstoffs abschneiden. Die Briefecken mit Saumstich (siehe S. 183) festnähen. Dann die Seitensäume ebenfalls mit Saumstich und sowohl den oberen als auch den unteren Saum mit Fischgrätenstich (siehe S.183) nähen.

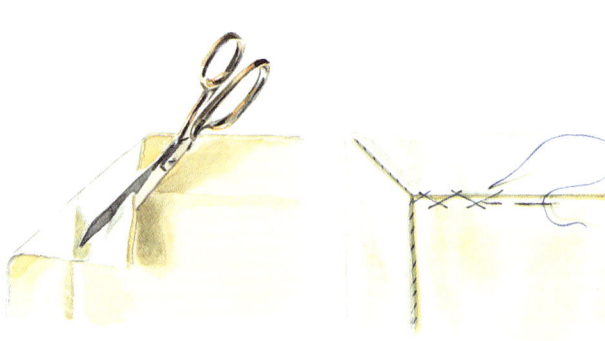

3 Den gemusterten Futterstoff in der Größe des gesäumten Vorhangs zuschneiden. Linke Stoffseite nach oben auf einer ebenen Unterlage ausbreiten. An jeder Seite einen 2,5 cm breiten Saum einschlagen. Die Ecken bündig mit Saumstich vernähen. Die Seitensäume ebenfalls mit Saumstich und die oberen und unteren Säume mit Fischgrätenstich nähen.

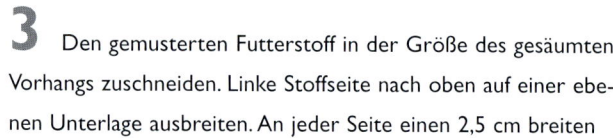

4 Für die Befestigungsbänder aus dem Vorhangstoff fünf 8 cm breite und 40 cm lange Streifen zuschneiden. Die beiden langen Seiten 2 cm nach innen einschlagen, bügeln und wieder auffalten. Das Gleiche an den beiden kurzen Enden wiederholen. Die überstehenden Stoffdreiecke abschneiden und die Ecken im 45°-Winkel einfalten. Die langen und dann die kurzen Seiten zweimal einschlagen. Stecken, heften, und mit der Nähmaschine dicht an der Kante nähen.

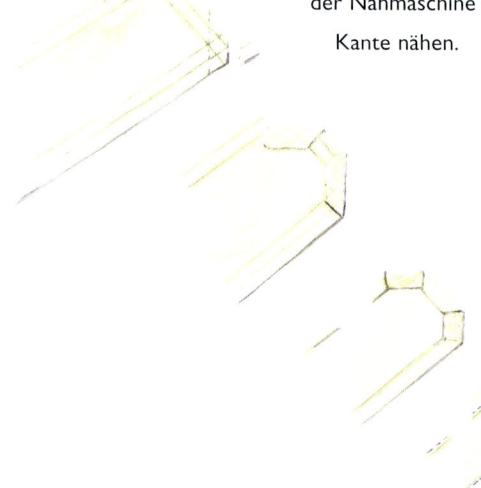

5 Den gefütterten Vorhangstoff linke Seite nach oben auf einem ebenen Untergrund ausbreiten. Die Oberkante in vier gleiche Abschnitte teilen, mit Stecknadeln markieren. Die Bänder links auf links in der Hälfte falten und an den markierten Punkten 3 cm unterhalb der Vorhangoberkante feststecken. Die Bänder mit der Nähmaschine festnähen.

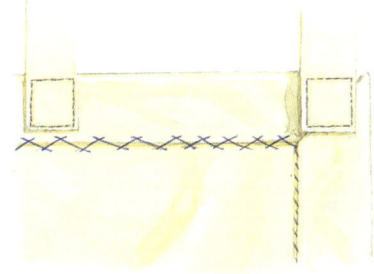

6 Den gesäumten Futterstoff links auf links auf den Vorhangstoff legen, dabei rundherum einen 2,5 cm breiten Rand lassen. Stecken, heften und mit Saumstich an allen vier Seiten zusammennähen.

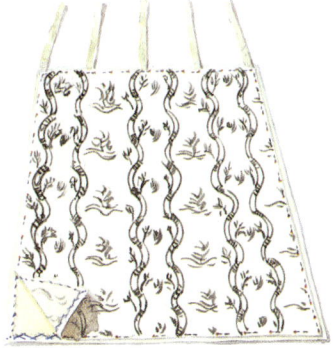

7 Eine Satinkordel so zuschneiden, dass sie die Kante des Vorhangs umfasst. 5 cm Länge zugeben. Die Kordel von Hand so aufnähen, dass sie die Naht verdeckt.

Den zweiten Vorhangteil auf gleiche Weise anfertigen und dabei auf einen symmetrischen Faltenwurf achten.

Material & Werkzeug

Vorhangstoff, auch für die Befestigungsbänder
Gemusterter Futterstoff
Schwarze Satinkordel
Zwischenfutter
Nähutensilien

Springrollo mit Bogenkante

Springrollos sind äußerst vielseitige Fensterdekorationen, die man mithilfe eines Bausatzes problemlos selbst machen kann. Leider sind sie häufig etwas langweilig, lassen sich jedoch mit wenigen gestalterischen Tricks aufpeppen und dem Raum ideal anpassen. In dem hier gezeigten Beispiel verleiht die mit einer schwarzen Samtborte verzierte Bogenkante dem Rollo den besonderen Pfiff.

Zunächst wird das Rollo entsprechend den Anleitungen des Bausatzes angefertigt und die Holzleiste sowie der Holzstab auf die richtige Länge gekürzt. Nun braucht man an die Unterkante nur noch eine Borte oder Bogenkante anzunähen und das Rollo zu installieren.

1 Für die Bogenbordüre ein Stück Rollostoff in der Breite des Rollos mit 2 cm Saumzugabe und doppelt so tief wie die Bögen (ca. 20 cm) plus 2 cm zuschneiden. Darauf achten, dass das Streifenmuster genau dem Verlauf des Musters auf dem Rollo entspricht. Links auf links in der Hälfte falten, bügeln, an den beiden Enden 1 cm einschlagen und erneut bügeln. Dann über die Rollobreite die benötigte Bogenzahl ermitteln und eine Pappschablone mit dem Bogendurchmesser schneiden. Durch die Mitte der Schablone eine Linie ziehen.

2 Die Schablone auf eine Ecke des gefalteten Stoffs legen, sodass die Durchmesserlinie parallel zur Falte verläuft. Mit Lineal und einem weichen Bleistift oder Schneiderkreide eine gerade Linie auf Höhe der Schablonenmitte auf den Stoff zeichnen. Dann die Rundung der Bögen entlang der Schablone bis an die Linie heran nachziehen.

3 Die beiden Stoffseiten jeweils in der Mitte jedes Bogens zusammenstecken, um ein Verrutschen zu verhindern. Die Bögen mit einer scharfen Schere ausschneiden.

4 Eines der beiden Stoffstücke rechte Seite nach oben ausbreiten; die Samtborte entlang der Bögen und an den Seiten auf den ungesäumten Stoff stecken.

5 Das zweite Stück des Stoffs rechte Seite nach unten darauf legen, sodass die Bögen aufeinander passen und die Borte zwischen den beiden Stoffhälften liegt. Stecken, heften und mit der Nähmaschine an den Bögen entlang nähen, dabei die Borte mit festnähen. Hierfür ist der Reißverschlussfuß der Nähmaschine gut geeignet.

6 Aus dem über den Saum stehenden Stoff kleine Dreiecke schneiden, sodass der Stoff flach liegt und keine Falten wirft. Besonders zwischen den Bögen darauf achten, dass sich der Stoff nicht wellt.

7 Den Stoff auf rechts wenden und bügeln. Stecken, heften und die Bogenbordüre an die Unterkante des Rollos nähen. Den Übergang von der Borte zum Rollo sauber zuschneiden.

8 Die Glasperlen von Hand in die Zwischenräume zwischen den Bögen und die Quasten zwischen die mittleren Bögen nähen.

Material & Werkzeug

Springrollo-Bausatz
Dicht gewebter Stoff, ausreichend
auch für die Bogenbordüre
Kontrastborte für die Bordüre
Perlen
Zierquasten
Zirkel
Dünne Pappe für die Schablone
Langes Lineal
Nähutensilien

Vorhänge mit Volant

Ein Volant mit Zackenborte und Quasten verleiht einem schmalen, hohen Fenster
eine günstigere Form und verdunkelt nicht den Raum. Das horizontale Streifenmuster des Volants lässt das Fenster außerdem optisch breiter wirken.

Vorhänge mit Volant

Ein angesetzter Volant löst Probleme bei der Dekoration ungünstig dimensionierter Fenster. Er ersetzt eine aufwändige Schabracke und lässt gleichzeitig die Fensterproportionen harmonischer erscheinen. In dem hier gezeigten Beispiel sind sowohl der Vorhang als auch der Volant unterfüttert, wodurch der Vorhang seinen schweren, eleganten Faltenwurf erhält.

1 Für den Vorhang eine Stoffbahn in der benötigten Breite mit 12,5 cm Zugabe zuschneiden. Den Stoff rechte Seite nach oben auf einer ebenen Unterlage ausbreiten. An der oberen Ecke der Mittelkante beginnend die Zackenlitze so stecken und heften, dass nach Einnähen des 1,5 cm breiten Saums nur die Zacken zu sehen sind. Die Borte 10 cm oberhalb der unteren Ecke enden lassen.

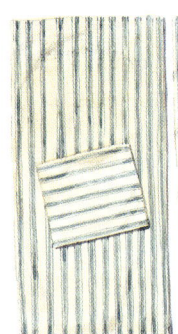

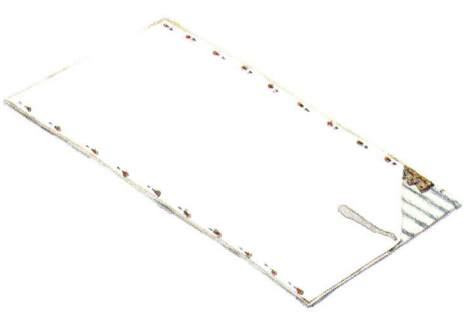

2 Den Futterstoff in gleicher Größe zuschneiden, rechte Seite nach unten auf den Vorhangstoff legen und mit Litze versehen. Die Stoffteile zusammenstecken, heften und einen Saum von 1,5 cm steppen, sodass eine Art Tasche entsteht. An der Unterkante rundum einen Umschlag von 1 cm einbügeln. Einen 10 cm hohen Saum einschlagen, stecken, heften und steppen. Den Vorhang wenden und bügeln.

3 Für den Volant den Stoff in der gewünschten Länge und in der Breite des fertigen Vorhangs plus 3 cm Saumzugabe zuschneiden (Streifenmuster horizontal). Den Futterstoff in gleicher Größe, die Zackenlitze in Länge des Volants zuschneiden. Die Litze auf der rechten Stoffseite an einer der beiden kurzen Seiten anbringen, sodass nur die Zacken hinter dem 1,5 cm breiten Saum vorstehen. Den Futterstoff rechte Seite nach unten auf den Volant legen, stecken, heften und die Seiten sowie die Unterkante mit der Nähmaschine steppen. Auf rechts wenden und bügeln.

4 Die ungesäumten Oberkanten des Vorhangs und des Futterstoffs zusammenstecken und heften. Zehn Stofffalten in gleichem Abstand an der Oberkante stecken, sodass die Breite mit dem Volant übereinstimmt. Heften und mit der Nähmaschine 1 cm von der Oberkante steppen.

5 Die Stoffseite des Volants an den ungesäumten Rändern auf die Futterseite des gefalteten Vorhangs stecken.

Mit der Nähmaschine steppen und
den Saum versäubern. Das Ganze
umdrehen; die Kanten des
Vorhangs und des Volants
in 2 cm Abstand vom
Saum zusammennähen.

6 Zehn Gardinenringe mit Knopflochgarn in gleichen Abständen oberhalb des Saums annähen. Dann fünf-
zehn Positionen, ebenfalls im jeweils gleichen Abstand voneinander, an der Unterkante des Volants markieren und dort die
Bommeln einzeln annähen.

Den zweiten Teil des Vorhangs ebenso fertigen und dabei
beachten, dass die Zackenborte an der Mittelkante verläuft.

**Material
& Werkzeug**

Gestreifter Vorhangstoff
Einfarbiger Futterstoff in
gleicher Breite
Zierlitze
30 Bommeln
20 große Gardinenringe
Knopflochgarn
Nähutensilien

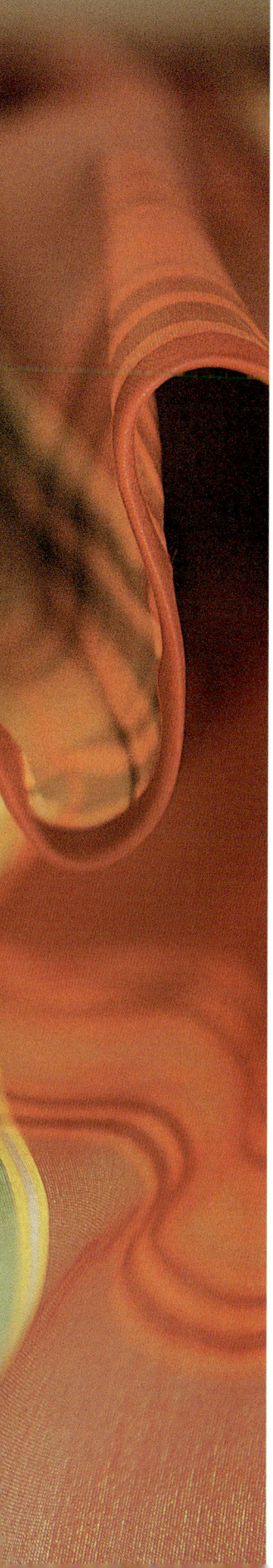

Taftvorhänge mit fixierter Oberkante

Die ungefütterten karierten Taftvorhänge mit fixierter Oberkante lassen sich mit Schnüren auf- und zuziehen. Diese verlaufen durch diagonal auf der Rückseite des Vorhangs befestigte Ringe und erzeugen die so genannte italienische Raffung. Für diese Vorhangvariante eignen sich leichte Stoffe, wie etwa Seide oder Taft, die sich bauschen lassen. Die Oberkante des Vorhangs kaschiert ein schmaler, geraffter Volant, der an einem Querbehangbrett befestigt ist.

Taftvorhänge mit fixierter Oberkante

Obwohl diese Taftdekoration beachtliche Ausmaße annimmt, lässt sie sich auch bei kleineren Fenstern umsetzen. Die italienische Zugvorrichtung ist so angelegt, dass der Vorhang an der Oberkante fixiert ist und die beiden Vorhanghälften sich mithilfe eines speziellen Raffsystems auf- und zuziehen lassen.

1 Die Flauschhälfte des Klettbands ca. 1 cm von der Unterkante entfernt an die Innenseite des Querbehangbretts tackern. Die Ringschrauben in gerader Linie und in jeweils ca. 10 cm Abstand in die Unterseite des zweiten Bretts schrauben; die beiden mittleren Ösen sollten überlappen. An jeder äußeren Ecke eine weitere Ringschraube für die Zugschnüre anbringen und das Brett etwa 5 cm hinter dem Querbehangbrett an der Wand befestigen. An jeder Seite des Fensterrahmens eine Krampe anschrauben.

2 Für die Breite des Volants werden drei Bahnen des Seidentafts benötigt. Zur erforderlichen Länge 4 cm zugeben und auf den Verlauf des Musters achten. Die Schnittkanten versäubern und die Stoffbahnen mit der Nähmaschine zusammennähen, dabei den Rapport berücksichtigen (siehe S. 181). Die Säume aufbügeln. Um den empfindlichen Stoff nicht zu beschädigen, sollte man eine neue Nähmaschinennadel und, wenn möglich, einen Nähmaschinenfuß aus Teflon verwenden. Zum Schutz der Seide kann auch durch Seidenpapier genäht werden.

3 Das Schrägband rechts auf rechts an die Seitenkanten und die Unterkante des Volants stecken, heften und absteppen, dabei schmale Briefecken bilden. Das Band über die ungesäumte Kante schlagen, bündige Ecken bilden, stecken, heften und mit Saumstich (siehe S. 183) auf der Rückseite festnähen. Flachbügeln.

4 Festes Nähgarn durch eine Nähnadel mit großem Öhr fädeln und 2 cm unterhalb der Volantoberkante eine Naht mit Kräuselstich (siehe S. 183) nähen. 1 cm darunter parallel dazu eine zweite Naht nähen. An einer Seite die Zwirnfäden zusammenknoten und den Stoff kräuseln, bis der Volant so breit wie die Flauschhälfte des Klettbands ist. Die Zwirnfäden fest verknoten, den überstehenden Fadenrest abschneiden und die Stofffalten gleichmäßig arrangieren.

5 Das Klettband auf die Vorderseite des Volants aufstecken, heften und von Hand aufnähen, um die Kräuselstiche zu verdecken. Den Volant am Querbehangbrett befestigen.

6 Für jede Vorhanghälfte benötigt man anderthalb Bahnen des Seidenstoffs. Die erforderliche Länge mit 37,5 cm Zugabe und unter Beachtung des Rapports kalkulieren. Die Schnittkanten versäubern und die halbe Stoffbahn rechts auf rechts an die äußere Kante der ganzen Stoffbahn stecken, heften und mit der Nähmaschine steppen. An beiden Seitenkanten einen 2 cm breiten Doppelsaum nähen. Dazu einen 4 cm breiten Saum einbügeln, wieder öffnen und die Schnittkante an den Faltknick legen. Noch einmal umschlagen, stecken, heften und mit Saumstich festnähen. Bügeln.

7 An der Unterkante auf gleiche Weise einen Doppelsaum von 15 cm umlegen und mit Fischgräten-

stich (siehe S. 183) nähen. Ein an beiden Seiten befestigtes Saumband (siehe S. 181) gibt dem Saum das nötige Gewicht.

8 An der Oberkante zunächst einen 1,5 cm breiten Saum und dann noch einen 6 cm breiten einbügeln. Stecken, heften und mit der Nähmaschine das Faltenband so darauf festnähen, dass es über dem Saum liegt. Das Band zusammenschieben, bis

der Vorhang die gewünschte Breite hat, und verknoten (siehe S. 182). Dabei auf eine gleichmäßige Fältelung achten. Im Abstand von jeweils 8 cm die Gardinenhaken einhängen.

9 Den Vorhangstoff rechte Seite nach unten auf einer ebenen Unterlage ausbreiten und den ersten Ring in etwa zwei Fünftel der Stoffbahnlänge unterhalb der oberen Ecke sowie 15 cm von der Mittelkante entfernt annähen. Danach drei weitere Ringe in regelmäßigen Abständen in einem 45°-Winkel bis zur gegenüberliegenden Ecke annähen, dabei bis direkt an die Verbindungsnaht zwischen der ganzen und der halben Stoffbahn gehen.

10 Ein Ende der Zugschnur am ersten Ring anknoten, mit einigen Stichen festnähen und das andere Ende durch die übrigen Ringe nach oben führen. Lose am obersten Ring verknoten, sodass die Schnur nicht durchrutscht, bevor Sie die den Faltenwurf arrangieren.

11 Die andere Vorhanghälfte ebenso fertigen, dabei auf den gleichen Musterverlauf und die Mittelkante achten. Beide Vorhanghälften an dem Brett mit den Ringschrauben befestigen und die losen Enden der Zugschnüre durch die Ringschrauben in den äußeren Ecken führen. Die Schnüre auf beiden Seiten festziehen, bis der gewünschte Faltenwurf entsteht. An der Krampe belegen.

Material & Werkzeug

Seidentaft
Klettband in der Breite des gerafften Volants
Schrägband
75 mm breites Bleistiftfaltenband
Saumband
Dekoratives Querbehangbrett
Zweites Brett (75 × 25 mm), um die Taftvorhänge zu befestigen
Ringschrauben
Zwei Krampen mit Befestigungsschrauben
Schraubenzieher
Acht Ringe und Zugschnur
Knopflochgarn oder Zwirn
Tacker
Nähutensilien

Raffrollo mit Kellerfalten

Vor einem großen Fenster wirkt ein schlichtes Raffrollo oft allzu streng. Hier lockern zwei weiche Kellerfalten die strengen Linien des Rollos auf. Einen weiteren dekorativen Akzent setzt die Samtborte als Einfassung des Rollos.

Raffrollo mit Kellerfalten

Dieses Rollo wirkt durch die eingearbeiteten Kellerfalten aus dem gleichen Stoff weicher als ein gewöhnliches Raffrollo. Dabei werden Vorder- und Rückseite so aneinander gesetzt, dass eine Art Tasche entsteht, die von innen nach außen gewendet wird. Die Wirkung dieses Rollos hängt wesentlich davon ab, dass das Muster des Stoffs genau zu den Stoffbahnen auf der Vorderseite passt.

1 Zunächst die mittlere Bahn des gemusterten Stoffs in der gewünschten Länge mit rundum 3 cm Saumzugabe zuschneiden (in unserem Beispiel beträgt die Breite 80 cm). An beiden Seitenkanten einen Saum von 1,5 cm umbügeln. Dann beide Seitenbahnen so zuschneiden, dass sie abzüglich eines 1,5 cm breiten Saums 35 cm breit sowie ebenso lang wie die mittlere Bahn sind und das Muster stimmig am Mittelteil anliegt. Für die Kellerfalten zwei Bahnen des einfarbigen Stoffs in der Länge des gemusterten Stoffs und ca. 42 cm breit zuschneiden. Die Mitte der Stoffteile an der Ober- und Unterkante mit Stecknadeln markieren.

2 Das Mittelteil rechte Seite nach oben mit aufgefalteten Seitensäumen auf einer ebenen Unterlage ausbreiten. An der rechten Seite eine der einfarbigen Stoffbahnen linke Seite nach oben bündig auflegen, stecken, 1,5 cm von der Kante heften und mit der Nähmaschine steppen.

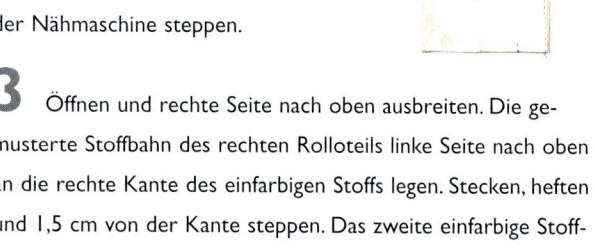

3 Öffnen und rechte Seite nach oben ausbreiten. Die gemusterte Stoffbahn des rechten Rolloteils linke Seite nach oben an die rechte Kante des einfarbigen Stoffs legen. Stecken, heften und 1,5 cm von der Kante steppen. Das zweite einfarbige Stoffteil wie in Schritt 2 beschrieben an der linken Seite der Mittel-

bahn befestigen. Öffnen und das gemusterte linke Rolloteil links nach oben an die Kante der einfarbigen Stoffbahn legen. Stecken, heften und 1,5 cm von der Kante mit der Nähmaschine steppen.

4 Die vier Säume links auf links bügeln, um die Kellerfalten gut auszuarbeiten.

5 Die Seitenkante der mittleren und die der rechten Stoffbahn an den mit einer Nadeln markierten Punkt auf dem einfarbigen Stoff aneinander legen. Den Stoff an beiden Seiten zu einer Kellerfalte auffalten und bügeln. Für die linke Kellerfalte diesen Schritt wiederholen. Die Ober- und Unterkanten der beiden Kellerfalten stecken und heften. In 1 cm Abstand von den Kanten mit der Nähmaschine steppen und dabei alle Stofflagen erfassen.

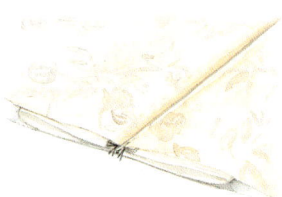

6 Den einfarbigen Stoff in Größe des Rollos zuschneiden. Das Rollo rechts nach oben auf einer ebenen Unterlage ausbreiten und den Futterstoff links nach oben drauflegen. An den vier Kanten zusammenheften und mit der Nähmaschine steppen, dabei an der Unterkante mittig eine 30 cm breite Lücke lassen. Auf rechts wenden und die Lücke mit kleinen Stichen von Hand schließen. Bügeln.

7 Das Samtband auf die Seiten- sowie die Ober- und Unterkanten des Rollos heften und von Hand aufnähen.

8 Vier Reihen mit jeweils fünf Ringen in Übereinstimmung mit der Mitte der Falten auf die Rückseite des Rollos nähen. Zunächst die ersten vier Ringe entlang der Unterkante, dann 50 cm weiter oben vier weitere Ringe annähen. Darauf achten, dass die beiden mittleren Ringe beide Faltenseiten greifen, wodurch die Falten beim Hochziehen gleichmäßiger liegen. In jeweils 50 cm Abstand weitere drei Reihen mit Ringen nähen.

9 Klettband in Rollobreite schneiden und die Flauschhälfte 0,5 cm von der Oberkante von Hand auf die Rückseite des Rollos nähen.

10 Die hölzerne Befestigungsleiste mit dem einfarbigen Stoff beziehen und die Hakenhälfte mit einem Tacker an der Vorderseite der Leiste befestigen. Vier Ringschrauben in Reihe mit den Gardinenringen an der Unterseite anbringen. Danach die Befestigungsleiste fixieren. Beim Anbringen der Zugschnur nach der Anleitung auf Seite 179 vorgehen.

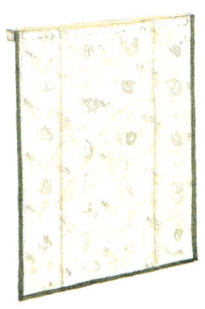

Material & Werkzeug

Gemusterter Stoff
Einfarbiger Stoff für die Kellerfalten und als Futterstoff
Samtband
Klettband
Hölzerne Befestigungsleiste in Rollobreite
Vier Ringschrauben
Gardinenringe
Zugschnur
Krampe mit Befestigungsschrauben
Tacker
Nähutensilien

Wendevorhang

Ideal für diese Tür, durch die man unmittelbar den Wohnbereich betritt, ist ein Vorhang, dessen zwei Seiten aus verschiedenen Stoffen bestehen und der von beiden Seiten gleichermaßen attraktiv aussieht. Das Raffband – ebenfalls aus den zwei unterschiedlichen Stoffen genäht – hält den geöffneten Vorhang locker zusammen.

Wendevorhang

Dank der anknöpfbaren Schlaufen ist das Aufhängen dieses wandelbaren Vorhangs kinderleicht. Die flachen Scheibenenden der hölzernen Gardinenstange schließen direkt mit der rustikalen Mauer ab. Einen Schutz vor Zugluft bietet das Zwischenfutter aus schwerem Baumwollstoff.

1 Das bestickte Leinen, der Karo- und der Futterstoff sollten die gleiche Breite haben und daher dementsprechend zugeschnitten werden. Je eine Stoffbahn des bestickten Leinens und des karierten Stoffs in der benötigten Länge mit 13 cm Zugabe zuschneiden. Der Futterstoff erfordert nur 3 cm Saumzugabe.

2 Karostoff und Leinen rechts auf rechts auf einer ebenen Unterlage ausbreiten, wobei das Leinen oben liegen sollte. Den Futterstoff bündig darauf legen und die Oberkante sowie die Seitenkanten zusammenstecken und -heften. Mit 3 cm Saumzugabe mit der Nähmaschine steppen. Die oberen Ecken abschneiden.

3 Futter und Leinen erfassen und die Unterkante 1 cm einschlagen und bügeln; dann weitere 9 cm einschlagen. Den Karostoff ebenso einschlagen. Stecken, heften und Leinenstoff und Futter mit Fischgrätenstich (siehe S. 183), den Karostoff mit Saumstich (siehe S. 183) nähen. Auf rechts wenden und bügeln.

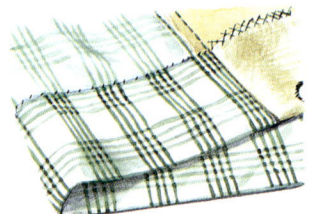

4 Die Knöpfe nach Anleitung des Herstellers mit dem Karostoff beziehen. Im Abstand von 3,5 cm von den Seitenkanten und 3 cm von der oberen Vorhangkante in regelmäßigen Abständen sieben Positionen markieren. An jedem dieser Punkte auf beiden Stoffseiten einen Knopf annähen.

5 Für jede Schlaufe für die Rückseite einen 10 x 36 cm großen Streifen Karostoff und für die Vorderseite einen 8 x 34 cm großen Streifen Leinenstoff zuschneiden. An allen vier Seiten der karierten Stoffstreifen einen 1,5 cm breiten Saum umbügeln und heften, wobei sich Briefecken bilden. An den beiden langen Kanten der Leinenstreifen einen 1,5 cm breiten Saum umbügeln, ebenso an den kurzen Seiten vorgehen, jedoch ohne bündige Ecken heften.

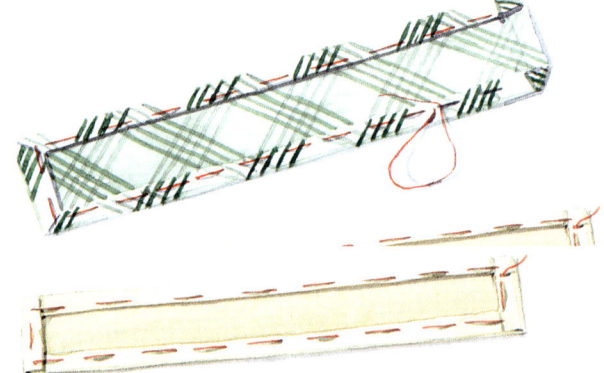

Material & Werkzeug

Besticktes Leinen

Karierter Stoff

Dichter, schwerer Futterstoff

Steifleinen

Satz von 14 Knöpfen mit

2,5 cm Durchmesser zum

Selberbeziehen

Raffhalter

Stricknadel

Nähutensilien

6 Die Vorder- und Rückseiten der Schlaufen links auf links aufeinander legen, wobei das Leinen genau mittig auf dem karierten Streifen liegen sollte. Stecken, heften und knapp entlang der Leinenkante steppen. Die restlichen sechs Schlaufen ebenso arbeiten. Von Hand oder mit der Nähmaschine in 8 cm Abstand zwei Knopflöcher in Größe der gefütterten Knöpfe mittig auf der Schlaufe arbeiten. Die Schlaufen an den Vorhang anknöpfen.

... das Raffband

7 Für die Rückseite des Raffbands einen Streifen Karostoff diagonal zum Musterverlauf in den Maßen 22 x 75 cm zuschneiden. Einen 18 x 71 cm großen Streifen Steifleinen mittig auf die linke Seite des Karostoffs legen. Die Kanten des Karostoffs über das Steifleinen einfalten, dabei bündige Ecken bilden; in 1 cm Abstand von der Kante stecken und heften. Für die Vorderseite einen 9 x 72 cm breiten Leinenstreifen zuschneiden und wie bei den Schlaufen einen 1,5 cm breiten Saum einfalten und bügeln. Dann den Leinenstoff rechts nach oben mittig auf das Steifleinen legen. Vorder- und Rückseite zusammenstecken, dabei von der Mitte nach außen arbeiten. Durch alle Stoffschichten hindurch knapp an der Kante des Leinenstoffs heften und steppen.

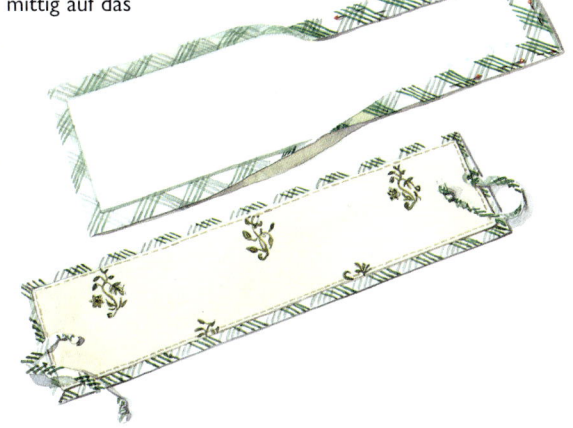

8 Für die Spaghettibänder zwei schmale Streifen des karierten Stoffs in den Maßen 5 x 34 cm zuschneiden. Die Längskanten rechts auf rechts zusammenfalten, stecken, heften und mit der Nähmaschine einen 0,5 cm breiten Saum entlang der Längsseite und einer der beiden kurzen Seiten steppen. Mit Hilfe einer Stricknadel von innen nach außen wenden, flachbügeln und 2 cm von den Enden entfernt verknoten. Das offene Ende von Hand zunähen und 3 cm von den Kanten mittig auf die Rückseite des Raffbandes nähen.

9 Den Raffhalter an die Wand schrauben. Dann den Vorhang aufhängen, mit dem Raffband zusammennehmen und mit den Spaghettibändern am Raffhalter befestigen.

Eine Einrichtung im Landhausstil strahlt Ruhe und Wohnlichkeit aus. Die moderne Variante dieses Stils bedient sich zahlreicher traditioneller Elemente: altes Leinen, gewischte Farben, Wildblumensträuße und verwinkelte Räume. Der unkomplizierte Stil eignet sich gleichermaßen für das Wohnen in der Stadt wie auf dem Land. Dieses Kapitel stellt Fensterdekorationen vor, die sich von den üblichen Gardinen abheben. Schauen Sie sich nach verwendbaren Dekorationsmaterialien um, Sie werden garantiert fündig. Ein ausgedienter Quilt eignet sich als attraktiver Rahmen für schöne Ausblicke, zeitloser Gingham-Stoff aus Baumwolle ergibt einen romantischen Vorhang mit Volant und rotes Gingham-Band haucht weißem Organza Leben ein. Altes, mit Monogrammen besticktes Bettleinen verwandelt sich in einen attraktiven Vorhang und grün-weiße Faltrollos verleihen einem Haushaltsraum frischen Charme. Setzen Sie ruhig Farben und Muster ein; in der Gesamtwirkung sollte der Mix aber immer in sich stimmig sein.

Landhausstil

Alle Vorhangideen auf den folgenden Seiten passen gut zum Landhausstil. Die Vorschläge zeigen verschiedenste Interpretationen des Landhausstils für eine moderne Wohnumgebung.

Faltrollo mit Paillettenbesatz

Es wäre schade, dieses prächtige hohe Fenster mit dem reizvollen Fenstersturz hinter Vorhängen zu verbergen. Dagegen passt das ungefütterte Rollo mit den schmalen, eingebügelten Falten perfekt in die Fensternische. Der Baumwollstoff mit eingewebtem Blockstreifenmuster wirkt im Raum wie auch von außen gleichermaßen zart und frisch. Der schillernde Paillettenbesatz veredelt das Rollo und verleiht ihm einen Hauch von Eleganz.

Faltrollo mit Paillettenbesatz

Ein ungefüttertes Faltrollo muss nicht mit einem Vorhang kombiniert werden. Ein Baumwollstoff mit eingewebten Blockstreifen wirkt auch von außen attraktiv. Für das Rollo eignet sich ein fester Leinen- oder Baumwollstoff, da die Falten bei dieser Stoffqualität am besten ihre Form behalten. Bei einem breiten Fenster würden sie durchhängen. Dann wäre ein Faltrollo mit hölzernen Einschiebestäben vorzuziehen.

1 Den Vorhangstoff bügeln und eine Bahn in der gewünschten Rollogröße mit 5 cm Längen- und 4 cm Breitenzugabe zuschneiden. Für die Falten jeweils 0,5 cm und für die unterste Falte noch ein wenig mehr in der Länge zugeben. Den Stoff linke Seite nach oben auf einer ebenen Unterlage ausbreiten. An jeder Kante einen 2 cm breiten Saum einbügeln, auffalten und halb so breit wieder einbügeln. Dann zweimal einfalten zu einem Doppelsaum von 1 cm Breite. Stecken, heften und mit der Nähmaschine steppen. An der Unterkante auf gleiche Weise einen 3 cm breiten Saum nähen. Die Seiten jedoch nicht schließen, da dies den Tunnelsaum ergibt, in den der Holzstab eingeschoben wird.

2 Für die Lage der ersten Falte von den unteren Ecken aus 24 cm nach oben abmessen und an beiden Seitenkanten mit einer Stecknadel markieren. Die übrigen

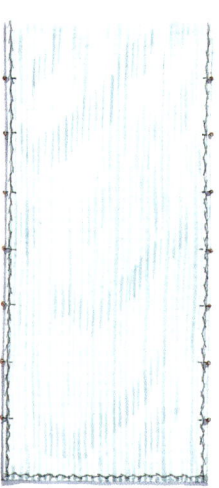

Faltenlagen ermitteln, indem die restliche Rollolänge in gleiche Teile von ca. 20 cm aufgeteilt wird. Jede Faltenlinie mit je einer Stecknadel an beiden Seitenkanten kennzeichnen, wobei die Maße von den unteren Ecken aus nachgeprüft werden, damit die Linie auch wirklich gerade ausfällt.

3 Die erste Falte auf die rechte Stoffseite umschlagen und bügeln. Durch Einsprühen mit Wäschestärke erhält man einen scharfen Faltenkniff. Die Falte 0,5 cm von der Kante mit der Nähmaschine steppen.

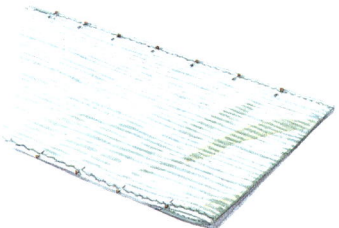

4 Das Rollo umdrehen und rechts auf rechts eine gestärkte Falte an der ersten Markierung einbügeln. Dann das Rollo wieder auf links drehen und die nächste Falte wie in Schritt 3 beschrieben falten und steppen. Die weiteren Falten von

unten nach oben vorgehend sorgfältig einarbeiten.

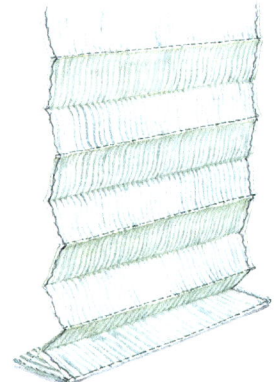

5 Zwei Ringe mit 12 bis 14 cm Abstand von den Seitenkanten auf die Rückseite der ersten Falte nähen. Jede Falte mit zwei Ringen versehen. Dabei darauf achten, dass die Ringe in einer geraden Linie über- bzw. untereinander liegen.

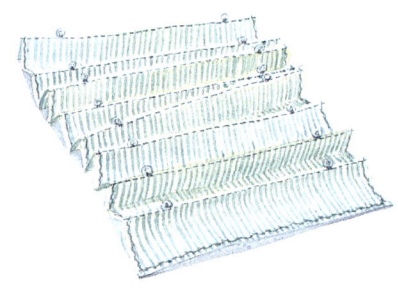

6 Den Holzstab in den offenen Saum der Unterkante einschieben und die Enden von Hand zunähen. Dann die Pailettenborte am unteren Rollorand annähen. Zwei Löcher für die Rollo-Montage in die Vorderseite der Befestigungsleiste bohren. Die Leiste mit Hilfe eines Tackers mit Stoff beziehen und den Stoff mit einer Ahle über den Löchern durchstoßen. Zwei Ringschrauben auf gleicher Höhe wie die Rolloringe in die Unterseite der Leiste einschrauben. Die korrekte Rollolänge durch Anhalten an das Fenster prüfen und überflüssigen Stoff abschneiden. Die Oberkante des Rollos so an die Befestigungsleiste tackern, dass die ungesäumte Stoffkante über die Rückseite der Leiste gelegt wird.

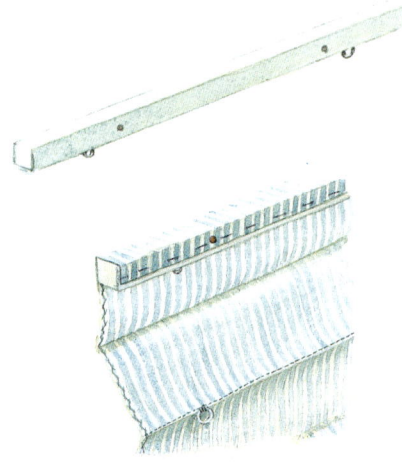

Den Anleitungen für das Zugschnursystem auf S. 179 folgen.

Material & Werkzeug

Leinen oder Baumwollstoff
Paillettenborte
Dünner Holzstab in Breite
des Rollos
Hölzerne Befestigungsleiste
in Breite des Rollos
Zwei Ringschrauben
Ringe und Zugschnur
Krampe mit Befestigungs-
schrauben
Wäschestärke zum Sprühen
Tacker
Bohrer und Ahle
Nähutensilien

Vorhänge mit Bogenkante

Für Fenster, die in tiefe Nischen oder schmale Gauben eingelassen sind, kommen vor allem Lösungen mit Gardinenstangen an Scharnieren infrage. Auf diese Weise lassen sich die Vorhänge komplett herumschwenken, um bei Bedarf möglichst viel Licht hereinzulassen. Sie können aber auch als Sichtschutz vollständig geschlossen werden. Hier wurde ein frisches, rot-weißes Streifendessin mit einem hübschen Blumenmuster als Rückseite kombiniert und auf beiden Seiten mit einer Bogenkante verziert.

Vorhänge mit Bogenkante

Gardinenstangen mit Scharnieren sind unverzichtbar, wenn es sich um Fenster in engen Nischen, Gauben-fenster oder um nach innen öffnende Fenster handelt. Die Stangen sind problemlos anzubringen, die Vorhän-ge benötigen nur ein Minimum an Stoff und können nach Belieben zur Seite geschwenkt werden. Das Köpf-chen des Vorhangs wird auf der Stange, die in einem Tunnelsaum verschwindet, gekräuselt. Ein kurzer Über-stand oberhalb der Stange unterstreicht den frischen Eindruck. Das Anfertigen der Bogenkanten macht zwar Arbeit, das Ergebnis entschädigt aber für alle Mühen. Wichtiger Praxistipp: Basteln Sie eine Schablone aus Pappe und verwenden Sie – mit Blick auf das Waschen der Vorhänge – Stoffe gleichen Gewichts.

1 Den für eine Vorhanghälfte benötigten Stoff mit Streifen- bzw. Blumenmuster maßgerecht zuschneiden. Für das Einsäumen bzw. Umschlagen an allen Kanten jeweils 3 cm zugeben.

2 Um die Größe der Bögen zu berechnen, die Kantenlänge der Vorhänge durch die Zahl der gewünschten Bögen teilen. Eine Pappschablone anfertigen, deren Durchmesser dem errechneten Maß entspricht. Durch den Mittelpunkt der Schablone eine gera-de Linie ziehen. (Beispiel: Eine Vorhanglänge von 120 cm erfor-dert 20 Bögen zu je 6 cm Durchmesser).

3 Stoffbahnen rechts auf rechts aufeinander legen. 2 cm von der oberen Ecke entfernt mit Schneiderkreide und Lineal parallel zur Längskante eine Linie ziehen: Abstand zur Kante = Radius (= hal-ber Durchmesser) der Schablone plus 1 cm. An der Unterkan-te ebenso verfahren. Linie auf der Schablone mit Kreidelinie zur Deckung bringen, entlang der Seiten- und Unterkante Halbkrei-se aufzeichnen. Stecken, heften, steppen, dabei 1 cm Saumzugabe lassen. Die gerade Längskante mit 2 cm breitem Saum versehen.

4 Den um die Bögen überstehenden Stoff so abschneiden, dass die Stoffbahnen flach aufeinander liegen. Auf rechts wenden. Jeden Bogen von Hand korrigieren und vor dem Bügeln mit kleinen Stichen heften. An der Oberkante einen 1 cm breiten Umschlag flach bügeln; dann stecken, heften und mit der Näh-maschine steppen.

5 Für den Tunnelsaum einen Streifen des Stoffs mit dem Blumenmuster zuschneiden (Länge = Breite des Vorhangs plus 2 cm; Breite = Umfang der Gardinenstange plus 1 cm für den Saum). An beiden Schmalseiten 1 cm Stoff umlegen und steppen, dann 0,5 cm an beiden Längskanten umfalten und bügeln.

6 Im Abstand von 2 cm parallel zur Ober-kante mit Schneider-kreide eine Linie ziehen.

Rechts nach oben erst die Ober-, dann die Unterkante des Tunnelsaums stecken und heften, beide Nähte steppen. Die Gardinenstange in den Tunnelsaum schieben, die Bogenkante zur Fenstermitte ausrichten und den Faltenwurf arrangieren.

Die zweite Vorhanghälfte entsprechend fertigen, das heißt, die Bögen auf der anderen Seite anlegen.

Material & Werkzeug

Stoff mit Blumenmuster
Gestreifter Stoff
Zwei Gardinenstangen mit Scharnieren
Pappe für Schablone
Zirkel
Langes Lineal
Nähutensilien

Quilt-Vorhang

Als unkomplizierte Dekoration „aus einem Stück" rahmt dieser Vorhang aus einem ausgedienten Quilt das Fenster dekorativ ein und macht den Raum sehr behaglich. Der Quilt wurde mit einer Zackenlitze gesäumt und mit einer Teleskopgardinenstange in die Fensternische eingespannt.

Quilt-Vorhang

Da der Quilt bereits wattiert ist, braucht er nicht hinterfüttert zu werden. An der Rückseite wird lediglich ein schmaler Stofftunnel für einen Spanndraht oder eine Teleskopgardinenstange angenäht. Eine Wolldecke statt des Quilts ist eine effektvolle Alternative.

1 Das Fenster ausmessen; mit Schneiderkreide und Lineal die Form auf dem Quilt so einzeichnen, dass die beiden Vorhangseiten gleich breit sind und die Länge des „Volants" proportional zu den Seitenteilen abgestimmt ist. Das Stoffteil, das in der Mitte ausgeschnitten wird, muss groß genug sein, um einen ausreichenden Lichteinfall zu garantieren. Zur Probe aufs Exempel ein entsprechendes Stoffstück aus Nesselstoff ausschneiden und probeweise vor das Fenster hängen.

2 Das Mittelteil ausschneiden und die Schnittkanten versäubern. Dann den Vorhang rechte Seite nach unten ausbreiten, stecken, heften und an den Kanten mit der Nähmaschine einen 1 cm breiten Saum steppen, wobei wegen der dicken Wattierung die innenliegenden Ecken eingeschnitten und die außenliegenden mit der Schere abgeschnitten werden müssen.

3 Die Zackenlitze auf links entlang der Ober-, Unter- und Innenkanten stecken, heften und mit der Nähmaschine aufnähen, sodass auf rechts nur die Zacken herausragen.

4 Für den Stofftunnel zum Einschieben der Gardinenstange einen einfarbigen Stoffstreifen in der Vorhangbreite mit 2 cm Saumzugabe und im Umfang der Gardinenstange plus 2 cm Zugabe zuschneiden. An den Längsseiten einen 0,5 cm breiten Saum umbügeln; an den kurzen Enden je einen 1 cm breiten Saum umbügeln und mit der Nähmaschine steppen. Stecken, heften und den Stofftunnel 3 cm unterhalb der Oberkante des Vorhangs aufnähen. Falls der Vorhang mit einer Seilspanngarnitur aufgehängt wird, kann der Tunnel entsprechend schmaler sein.

**Material
& Werkzeug**

Ein ausgedienter Quilt

Einfarbiger Baumwollstoff

Zackenlitze

Teleskopgardinenstange mit

Sprungfeder oder Spanndraht

Langes Lineal

Nähutensilien

Einfacher Querbehang

Einen Hauch von Eleganz erhält das nach Norden ausgerichtete Badezimmer durch den Querbehang aus weich fallender Seide. Gleichzeitig kaschiert der Behang den Mechanismus des Springrollos, das bei Bedarf als Blickschutz dient. Die zierliche rote Bommellitze folgt der schwungvollen Linie des Querbehangs und setzt einen frischen Farbakzent.

Einfacher Querbehang

Dieser dezent-elegante Querbehang besteht aus einer einzigen Stoffbahn, die quer verarbeitet wird, um unattraktive Nähte zu vermeiden. Für einen effektvollen Faltenwurf wählt man am besten einen geschmeidigen Stoff, wie etwa Rohseide. Die aparte Wirkung des Behangs entsteht unter Anderem dadurch, dass die Enden des Querbehangs nur halb so tief wie der Mittelbogen hängen.

1 Den Stoff in der Breite des Fenstersturzes zuzüglich der fallenden Seitenlängen zuschneiden. An beiden Enden des Stoffs einen 1 cm breiten Doppelsaum umbügeln, heften und mit der Nähmaschine steppen. Da Seide eine sehr dicht gewebte Webkante hat, franst sie normalerweise nicht aus und braucht nicht gesäumt zu werden. Falls dennoch notwendig, einen schmalen Saum nähen.

2 Die Bommellitze auf rechts an eine der beiden Längskanten stecken. Dabei die Kante der Litze so an die Webkante des Seidenstoffs anlegen, dass die Bommel frei hängen. Heften und mit der Nähmaschine aufnähen.

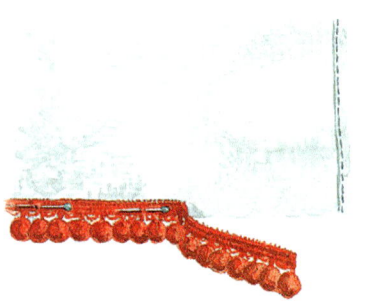

3 Für die Raffhalter zwei Streifen Seidenstoff 10 x 50 cm zuschneiden. Einen Streifen der Länge nach rechts auf rechts in der Hälfte falten. Heften und mit der Nähmaschine 1 cm von der Kante an der Längsseite und an einem Ende steppen. Mit Hilfe eines hölzernen Kochlöffelstiels von innen nach außen wenden. Das offene Ende von Hand zunähen und bügeln. Den zweiten Raffhalter ebenso anfertigen.

4 Den Querbehang vor dem Fenstersturz drapieren. Dafür die unverzierte Kante des Querbehangstoffs zur Hälfte falten und die Mitte mit einer Stecknadel markieren. Diesen Punkt an den Mittelpunkt des Fenstersturzes tackern, dann den Stoff weiter bis zu den Ecken an den Rahmen tackern. Die lose hängenden Seiten in schön arrangierten Falten zusammennehmen und mit einem Bindfaden zusammenbinden.

5 Die Stoffbänder über die Bindfäden um den gerafften Stoff legen und an der Oberseite verknoten. Den Knoten auf die Rückseite des Querbehangs drehen. Mit einem kleinen Nagel fixieren.

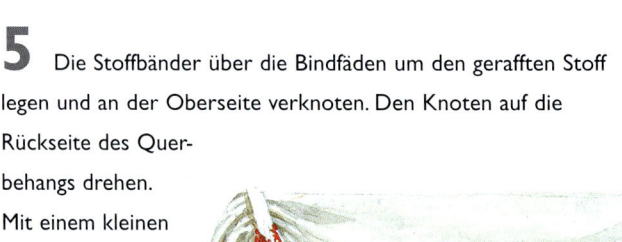

Material
& Werkzeug

Eine Bahn Seidenstoff in doppel-
ter Breite des Fensterrahmens
plus Stoff für die Bänder
Bommellitze in der Breite
des Querbehangs
Bindfaden
Tacker
Hammer und zwei kleine Nägel
Kochlöffel aus Holz
Nähutensilien

Geblümte Vorhänge mit Bleistiftfalten

Diese eher traditionellen Vorhänge bestechen durch den leuchtend geblümten Baumwollstoff. Die rote Kanteneinfassung setzt hierzu einen interessanten Kontrast. Die Vorhänge sind an der Oberkante zu dekorativen Bleistiftfalten gerafft.

Geblümte Vorhänge mit Bleistiftfalten

Jede Vorhanghälfte besteht aus zwei Stoffbahnen. Das Gardinenband wurde bewusst ein wenig tiefer angesetzt, sodass der Vorhang von der Gardinenstange leicht nach vorn fällt. Die Oberkante des Vorhangs ist zusätzlich mit Steifleinen verstärkt, was ihr Fülle und Stand verleiht.

1 Zwei Bahnen geblümten Stoffs in der benötigten Länge mit 3 cm Zugabe zuschneiden. Beim Zusammennähen der Bahnen den Rapport des Musters beachten (siehe S. 181). Rechts auf rechts auf einer ebenen Unterlage ausbreiten und 1,5 cm von der Seitenkante stecken, heften und mit der Nähmaschine steppen. Den Saumüberstand in regelmäßigen Abständen einschneiden, um die Spannung aus dem Stoff zu nehmen. Den Saum auffalten und flachbügeln. Das Steifleinen bündig mit der Oberkante und den Seitenkanten auf die linke Seite des Stoffs stecken und heften.

2 Zwei Bahnen des Futterstoffs in benötigter Länge mit 3 cm Saumzugabe zuschneiden und zusammennähen (siehe Schritt 1). Futterstoff kantengenau rechts auf rechts auf den Vorhangstoff legen, stecken, heften und an beiden Seiten, an der Oberkante (das Steifleinen mit erfassen) und Unterkante steppen. In der

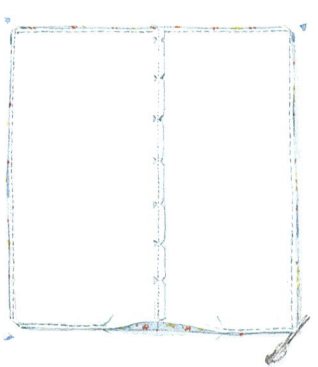

Mitte der Unterkante eine 20 cm breite Lücke lassen. Die Eckenspitzen abschneiden, den Vorhang auf rechts wenden und bügeln. Die Öffnung von Hand mit Saumstich (siehe S. 183) schließen.

3 Für die Einfassung 10 cm breite Schrägstreifen aus dem kontrastfarbenen Stoff zuschneiden. Dazu mit Lineal und Schneiderkreide im 45°-Winkel zur Webkante von einer der unteren Ecken bis zur quer gegenüber liegenden oberen Ecke eine Linie ziehen. Weitere Linien in 10 cm Abstand parallel dazu ziehen und die Streifen an den Kreidelinien entlang zuschneiden. Genügend Streifen ausschneiden, um zusammengenäht den Vorhang an allen vier Seiten damit einzufassen. Die Streifenstücke zu einem langen Band zusammennähen. Dazu die ersten beiden Stücke rechts auf rechts und im rechten Winkel aneinander legen. Heften und mit der Nähmaschine zusammennähen, dabei einen 0,75 cm breiten Saumrand lassen. Den Saumrand auffalten und bügeln. Die Ecken zuschneiden, sodass sie eine

Ebene mit den Kanten ergeben. Diesen Schritt wiederholen, bis die erforderliche Länge des Bands erreicht ist.

4 Den Schrägstreifen rechts auf rechts an eine Seitenkante des Vorhangs stecken, dabei an der äußeren Ecke der Unterkante beginnen. 2,5 cm von der Kante entfernt zusammenheften. Bis 1,5 cm vor die Ecke stecken und das Band zur Tüte umknicken (siehe Zeichnung unten links). Weiter entlang der Kante stecken und heften, an den beiden nächsten Ecken ebenso umknicken, bis der Anfangspunkt wieder erreicht ist. Das Band 1,5 cm umlegen und entlang der Heftnaht steppen. Bis zu den Ecken nähen, dann auf der anderen Seite weiterarbeiten. Den Vorhang umdrehen, das Schrägband 2,5 cm einfalten und stecken, dabei die Ecken akkurat falten. Das Schrägband um den gesamten Vorhang heften und mit Saumstich annähen. An der Ecke, an der die beiden Enden des Schrägbands aufeinander treffen, eine Briefecke nähen.

5 Faltenband in Vorhangbreite mit 6 cm Zugabe zuschneiden. 5 cm von der Oberkante auf die linke Stoffseite stecken, wobei an jeder Seite ein gleich langes Stück überstehen sollte. Das Gardinenband entsprechend der Anleitung auf Seite 182 anbringen.

Das zweite Vorhangteil ebenso fertigen und beide Teile aufhängen.

Material & Werkzeug

Geblümter Vorhangstoff
Einfarbiger Stoff in einer Kontrastfarbe für die Einfassung
Futterstoff
9 cm hohes Gardinenband mit Bleistiftfalten
14 cm hohes Steifleinen in Breite des nicht gerafften Vorhangs
Langes Lineal
Nähutensilien

Dieser lichtdurchflutete Hauswirtschaftsraum braucht Schutz sowohl vor zu starkem Sonnenlicht als auch vor neugierigen Blicken. Dazu eignen sich besonders gut Wickelrollos, die aus einem Baumwollstoff in schickem Streifendessin maßgefertigt wurden. Jedes einzelne Rollo kann mit einem einfachen Zugmechanismus individuell verstellt werden. Da sie durch Ringschrauben geführt werden, laufen die Zugschnüre wie geschmiert. Die Rollos sind mit Klettband an Befestigungsleisten aus Holz angebracht.

Wickelrollos

Wickelrollos

Diese ebenso schönen wie zeitlosen Rollos sind einfach anzufertigen. Man sollte allerdings auf gerade Schnittkanten achten, damit die Streifen nicht schräg nach außen laufen. Die Oberkante wird mit einem Doppelsaum versehen, da das Gewebe relativ dünn ist und die Ringschrauben besser durch mehrere Stofflagen hindurch fixiert werden. Im vorliegenden Fall wurde gewebte und beidseitig verwendbare Baumwolle gewählt.

1 Den Stoff maßgerecht zuschneiden, dabei 25 cm in der Länge und 5 cm in der Breite zugeben. Stoff linke Seite nach oben ausbreiten, an den Längsseiten 0,5 cm einfalten und bügeln. Nochmals 2 cm umschlagen, heften und mit der Nähmaschine steppen.

5 Die Unterkante der Stoffbahn an den Holzstab tackern.

6 In die Unterseite der Befestigungsleiste jeweils 15 cm von beiden Enden entfernt Löcher für die Ringschrauben bohren, dann – in einer Flucht mit den ersten beiden – zwei weitere Löcher in die Vorderseite der Leiste. Diese mithilfe des Tackers mit Stoff beziehen. Den Stoff über den Bohrlöchern mit der Ahle einstechen, dann die Ringschrauben eindrehen. Die Hakenhälfte des Klettbands mit dem Tacker an der Vorderseite der Leiste befestigen und das Band über den Bohrungen durchstechen. Die Befestigungsleiste mit zwei langen Schrauben an der Wand anbringen.

2 An der Oberkante einen Doppelsaum anlegen. Hierzu 10 cm umfalten und bügeln. Nochmals 10 cm einfalten, heften und steppen.

3 5 cm unterhalb der Rollo-Oberkante und jeweils 15 cm von den Seitenkanten entfernt auf beiden Seiten zwei etwa 10 cm voneinander entfernte Punkte markieren. Mit einer Spezialzange Metallösen einknipsen. Die „schöne" Ösenhälfte sollte dabei nach vorn zeigen.

7 Rollo mit dem Klettband an der Leiste fixieren. Der Abbildung folgend die Zugschnüre gleichmäßig so anbringen, dass sich das Rollo problemlos nach vorn aufwickelt. Die Schnüre verknoten und auf der Krampe belegen.

4 Die Flauschhälfte des Klettbands auf die Rückseite der Oberkante stecken und mit Saumstich annähen.

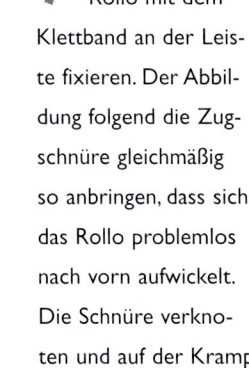

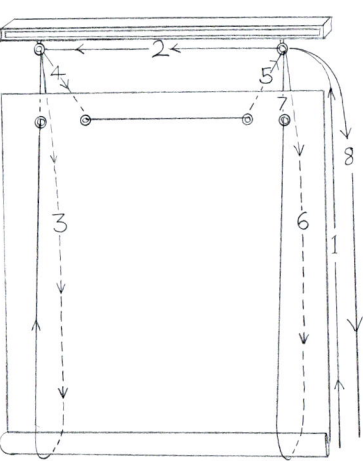

Material
& Werkzeug

Gewebter Baumwollstoff

Klettband (Länge entsprechend
der Rollobreite)

Zugschnur (z.B. gedrehte Kordel)

Dünner Holzstab (Länge entsprechend der Rollobreite)

Befestigungsleiste (Länge
entsprechend der Rollobreite)

Krampe mit Befestigungs-
schrauben

Zange zum Einknipsen von
Metallösen

Ringschrauben

Lange Schrauben

Tacker

Ahle

Schraubenzieher

Bohrer

Nähutensilien

Bändervorhang

Bei diesem Vorschlag ist der Arbeitsaufwand minimal: Die einzelnen Bänder werden mit handgenähten Schlaufen auf eine Gardinenstange gezogen und unten mit aufgefädelten Perlenschnüren verziert. Bei der Gestaltung können Sie Ihrer Fantasie freien Lauf lassen.

1 Den Umfang der Gardinenstange ermitteln, indem man ein Bandende um die Stange wickelt. Zum ermittelten Maß 1 cm für den Saum zugeben.

2 Bei jedem Band auf der Vorder- und Rückseite den Saum markieren. Darauf achten, dass die Bänder auf der Gardinenstange problemlos verschoben werden können.

3 Die Bänder oben und unten rechts auf links heften und steppen. Oben eine Schlaufe für die Gardinenstange lassen.

4 Holz- und Glasperlen unterschiedlich kombinieren. Für jedes Band Stickgarn einfädeln und doppelt nehmen, am Ende dick genug verknoten, dass die Perlen nicht durchrutschen können. Perlen aufziehen und mit entsprechendem Knoten fixieren. Die unteren Enden der Bänder zweimal umlegen und mit den perlenbezogenen Stickgarnfäden zusammennähen.

5 Die Gardinenstange in der für die Steckhülsen benötigten Länge zuschneiden. Mit einem Bleistift die Bohrungen für die Befestigungsschrauben der Steckhülsen am Fensterrahmen anzeichnen. Dann die markierten Stellen mit der Ahle vorbohren.

6 Bänder auf die Stange ziehen. Die Steckhülsen auf jeder Seite mit jeweils einer Schraube befestigen, dabei die Stange stützen. Die restlichen Schrauben eindrehen und wechselseitig anziehen.

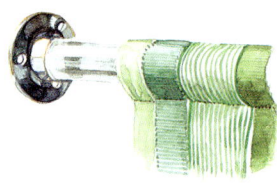

**Material
& Werkzeug**

Bänder in verschiedenen Längen
und Breiten

Perlen

Kunststoffgardinenstange

Steckhülsen und Schrauben

Schraubenzieher

Ahle

Stickgarn

Nähutensilien

Plissierte Organza-Vorhänge

Plissierte, weiße Organza-Vorhänge geben diesem
Mädchenzimmer seine jugendlich-verspielte Note.
Die rot-weißen Gingham-Bänder dienen mit ihrem
fröhlichen Karomuster nicht nur zum Einfassen der
Vorhangkanten, sondern auch zum Befestigen des
Vorhangs an der Gardinenstange. Zudem sichern sie
den Faltenwurf. Der Vorteil dieser Lösung: Trotz des
fast ungehinderten Lichteinfalls bleibt der Raum vor
neugierigen Blicken geschützt. Soll der Raum nachts
verdunkelt werden, kann man zusätzlich ein lichtun-
durchlässiges Rollo anbringen.

Plissierte Organza-Vorhänge

Baumwoll-Organza bauscht sich schön und strahlt große Frische aus. Bei diesen Vorhängen wurden die Falten durch eine doppelte Lage von Gingham-Band und Spitzenborte fixiert. Gingham-Band dient auch als Einfassung für die Seitensäume. Je dichter die Falten gelegt werden, desto stärker bauschen sich die Vorhänge.

1 Anderthalb Stoffbahnen zuschneiden, dabei 18 cm zugeben. Die Bahnen am besten mit einer flachen Kappnaht versteppen, ohne dass die Schnittkanten hervortreten. Beide Bahnen rechts auf rechts stecken und heften. Mit der Nähmaschine 1,5 cm von der Kante entfernt steppen. Beide Schnittkanten auf eine Seite bügeln, die untere zur Hälfte abschneiden.

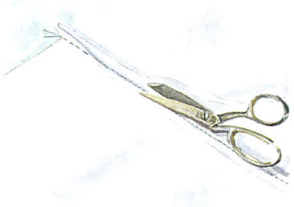

Die obere Schnittkante als Saum umlegen, unter dem die zweite Schnittkante verschwindet, flach bügeln und mit Saumstich (siehe S. 183) auf die linke Stoffseite nähen.

2 An beiden Seitenkanten einen Doppelsaum nähen: 2 cm einschlagen, wieder auffalten, dann 1 cm einschlagen, sodass die Schnittkante exakt an der ersten Falte anliegt. Erneut bügeln.

3 An der Oberkante einen 2 cm breiten Saum einfalten, bügeln.

4 Von der Mittelkante aus beginnend die Oberkante in regelmäßige, ca. 2,5 cm breite und 25 cm lange Falten legen. Jeweils oben und unten stecken. Nur die Falten bügeln, dann oben und unten heften.

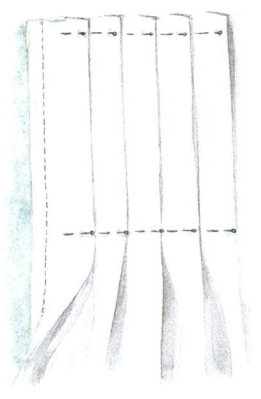

5 Von dem schmaleren Gingham-Band und der Spitzenborte jeweils zwei Stücke in Gardinenbreite mit 1 cm Zugabe abschneiden. Die Borte auf die Vorhangoberkante legen, darauf mittig das Gingham-Band, sodass oben und unten jeweils 0,5 cm der Borte überstehen. Stecken und heften. Mit der Nähmaschine entlang der Ober- und Unterkante des Bands steppen, seitliche Überstände abschneiden. Mit den beiden anderen Band- bzw. Bortenstücken auf der unteren Faltenheftnaht genauso verfahren.

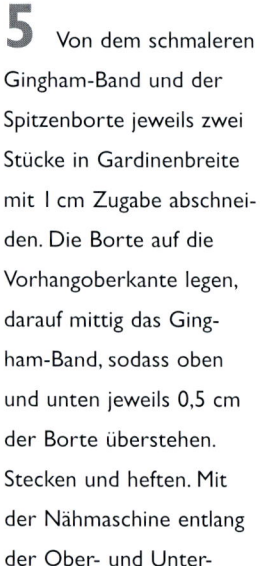

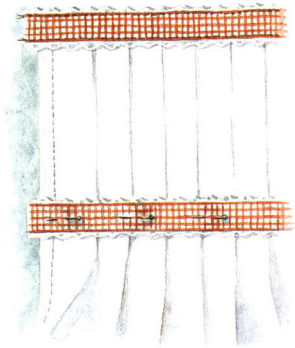

6 Die Vorhang-Unterkante mit einem Doppelsaum versehen: 14 cm breit einschlagen, dann wieder auffalten. Danach 7 cm breit umlegen und bügeln. Mit Fischgrätenstich (siehe S. 183) annähen.

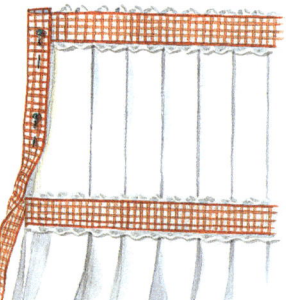

7 Vom Gingham-Band zwei Stücke in Vorhanglänge mit 1 cm Zugabe abschneiden. An beiden Enden 0,5 cm umlegen und steppen. Bänder der Länge nach in der Mitte falten und bügeln. Mit den Bändern die Seitenkanten des Vorhangs einschlagen, sodass die Säume von den Bändern verdeckt werden. Stecken, heften und mit der Nähmaschine steppen.

8 Genügend 40 cm lange Stücke des breiteren Gingham-Bands abschneiden. Bänder in der Mitte falten und von Hand alle 30 cm an der Rückseite der Oberkante annähen.

Die zweite Vorhanghälfte ebenso anfertigen.

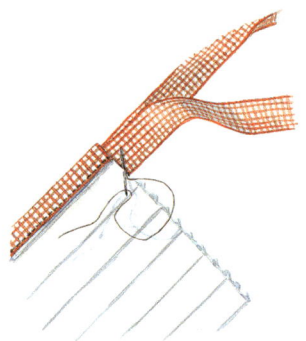

Material & Werkzeug

Baumwoll-Organza
2,5 cm breites Gingham-Band für die Befestigungsbänder an der Gardinenstange und 1,5 cm breit für die Kombination mit der Spitzenborte
Spitzenborte, etwas breiter als das Gingham-Band
Nähutensilien

Vorhang aus altem Leinen

Material
& Werkzeug

Mit Monogramm besticktes

Leinenbetttuch (oder -laken)

Befestigungsbänder aus Satin

Gardinenstange, -halter und

-ringe aus Messing

Kleine, gespaltene Gardinenringe

Nähutensilien

Diese einfache Gestaltungsidee bietet sich an, wenn nur die untere Hälfte eines Fensters dekorieren werden soll: Oben kann das Licht ungehindert einfallen, während es unten durch das Leinen angenehm gedämpft wird. Alte schöne Leinenlaken mit eingesticktem Monogramm eignen sich geradezu ideal für so einen Vorhang mit umgeschlagenem Volant. In diesem Beispiel ist der untere Teil des Lakens gekürzt, die seitlichen Säume sind jedoch unverändert. Sollte das Laken zu breit sein, schneiden Sie auf beiden Seiten gleich viel ab und versehen die Kanten mit einem schmalen Doppelsaum. Um das Maß des Volants abzuschätzen, die Oberkante umschlagen und das Laken gegen das Fenster halten: Bei einem zur Hälfte verdeckten Fenster sollte der Volant ein Viertel bis ein Drittel der Gesamtlänge, bei einem komplett dekorierten Fenster maximal ein Fünftel ausmachen.

1 Die Oberkante des Lakens in der gewünschten Länge umschlagen (siehe oben) und bügeln. Entlang der Falte stecken und heften. Die Breite messen und durch acht teilen, anschließend die acht gleich großen Abschnitte mit Nadeln markieren.

3 An jeder Falte einen kleinen, gespaltenen Ring annähen und diesen in einen größeren Messingring einführen.

4 Die gespaltenen Ringe mit Seidenband kaschieren, indem dieses mehrmals durch beide Ringe gefädelt und die Enden dekorativ verknotet werden.

2 An jeder Markierung am oberen und unteren Ende des Volants kleine Falten legen und stecken. Bügeln und die Falten von Hand an der Rückseite fixieren.

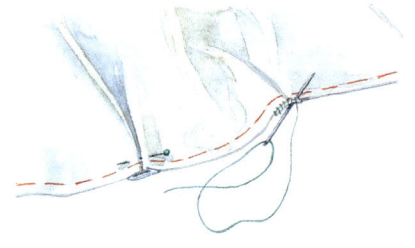

Zeitlos, frisch und typisch französisch wirkt der lilafarbene Gingham-Stoff für Bettwäsche und Fensterkleid. Die Vorhangschienen sind hinter einem leicht gekräuselten Volant versteckt. Die Vorhänge haben neben dem Zwischenfutter ein Unterfutter aus farblich abgestimmtem Baumwoll-Chambray. Sie sind mithilfe von Zierknäufen aus Holz gerafft, die ebenfalls mit Chambray bezogen und mit Rippenband verziert sind. Den letzten Schliff geben die zarten Veilchenblüten aus Samt auf den Zierknäufen.

Gingham-Vorhänge

Gingham-Vorhänge

Querbehangbretter aus Holz dienen als Befestigungshilfe für Schabracken, Volants und Gardinenbeschläge und helfen architektonische Unzulänglichkeiten zu kaschieren. In diesem Fall scheint das Fenster zu tief eingesetzt. Um es optisch höher wirken zu lassen, ist das Querbehangbrett deutlich über dem Fenster angebracht. Beim Maßnehmen sollten Sie darauf achten, dass der Volant die Fensteroberkante verdeckt. Für die Raffung des Volants wurde hier kein Faltenband benutzt, sondern lediglich ein schmaler Tunnelsaum abgenäht und Paspelband durchgefädelt, was dem gemütlich-legeren Charakter des Raums entspricht. Eine schmale malvenfarbene Borte betont den Schwung des Volants. Die Vorhänge wurden sowohl mit Unterfutter als auch mit Zwischenfutter versehen.

... der Volant

1 Drei Bahnen Gingham-Stoff zuschneiden, dabei zu der benötigten Länge 23 cm zugeben. Rechts auf rechts die Bahnen stecken und entlang der Webkanten mit der Nähmaschine steppen. Die Webkanten alle 10 cm einschneiden, um die Stoffspannung zu mindern, und bügeln. Beim Futter und Zwischenfutter genauso verfahren.

2 Den Gingham quer in der Mitte falten und auf einer ebenen Unterlage ausbreiten. Saumband so am unteren Rand auflegen, dass es zwischen einem markierten Punkt, 22 cm innerhalb der beiden Ecken, bis zu einem weiteren Punkt, 10 cm entlang der Falte, einen leichten Bogen formt. Diesem Bogen folgend eine Kreidelinie ziehen und im Abstand von 1 cm zu dieser beide Seiten zusammenstecken. An dem Bogen entlang schneiden. Anschließend den zugeschnittenen Stoff als Schnittmuster für das Futter und Zwischenfutter verwenden.

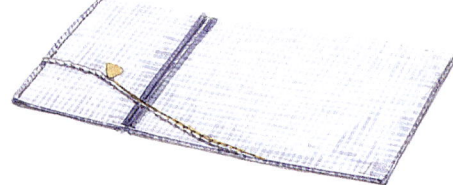

3 Den Gingham auseinander falten. Das Chambray-Futter rechts auf rechts darauf ausbreiten, darüber das Zwischenfutter, dabei alle Kanten ausrichten. Bügeln, stecken, heften und mit der Nähmaschine an beiden Seiten und entlang des Bogens einen 1,5 cm breiten Saum steppen. Eine 1 cm lange Lücke lassen. Den Bogen ein- und die Ecken beschneiden. Den Behang von innen nach außen wenden und bügeln.

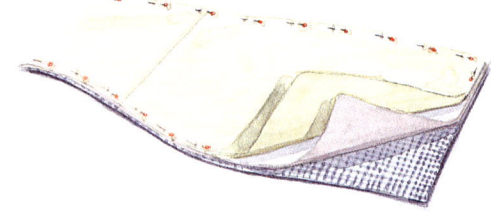

4 An der Volantoberkante 5 cm Saum umbügeln. Die Vorderseite und die Futterlagen zusammenstecken, mit Saumstich vernähen (siehe S. 183). Mit der über den Gingham gezogenen, geraden Linie als Orientierung 3,5 cm von der Oberkante eine Naht stecken, heften und steppen. Parallel dazu im Abstand von 1,5 cm eine weitere Naht ziehen, um einen Stofftunnel zu fertigen. Ein Stück Paspelband etwas länger als die Breite des Volants schneiden. An einem Ende des Bands eine Sicherheitsnadel befestigen, das andere Ende an der Saumlücke annähen. Die Sicherheitsnadel durch den Stofftunnel ziehen, den Volant auf die Maße des Befestigungsbretts zusammenziehen. Das andere Bandende annähen, Überstände abschneiden, Falten drapieren.

5 Beide Hälften des Klettbands trennen. Die Flauschhälfte auf Höhe des Futterals an die Rückseite des Volants stecken und mit Saumstich annähen. Dann die pinkfarbene Borte an die Unterkante des Volants nähen. Schließlich die Hakenhälfte des Klettbands an die Oberkante des Bretts tackern.

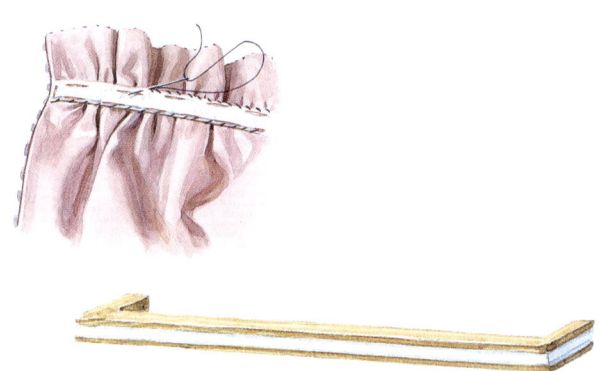

Material & Werkzeug

Für den Volant
und die Vorhänge:
Gingham
Domette-Zwischenfutter
Chambray-Futter
Malvenfarbene Borte mit
floralem Muster
Einfaches Paspelband
Klettband (für Front- und Seiten-
kanten des Querbehangbretts)
Saumband
Querbehangbrett
Zwei Befestigungswinkel
Faltenband
Vorhangschienen und Gleiter
Tacker
Nähutensilien, Sicherheitsnadel

... der Vorhang

6 Jede Vorhanghälfte besteht aus einer einzelnen Bahn Gingham-Stoff. Bei der Länge 5 cm für das Köpfchen und 10 cm für den Saum zugeben. Futter und Stoff rechts auf rechts übereinander legen, wobei das Chambray-Futter obenauf liegt. Das Zwischenfutter 10 cm kürzer zuschneiden als die anderen Stoffbahnen, über dem Chambray ausbreiten und alle Oberkanten ausrichten. Seiten- und Oberkante stecken, heften und mit der Nähmaschine steppen. An der Unterkante 1,5 cm Saumzugabe belassen. Die Ecken beschneiden.

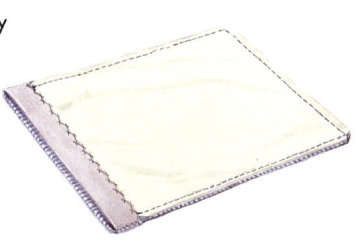

7 Die Unterkante des Gingham und des Chambray 1 cm umlegen und bügeln, dann noch einmal 9 cm. Den Gingham-Saum stecken, heften und mit Saumstich umnähen, den Chambray mit Fischgrätenstich (siehe S. 183) an das Zwischenfutter nähen. Vorhang auf rechts wenden und bügeln. Faltenband annähen (siehe S. 182). Mit der zweiten Vorhanghälfte ebenso verfahren.

... die Zierknäufe

8 Mit der Stich- oder Laubsäge für jeden der Knäufe aus der MDF-Platte jeweils eine Scheibe mit einem Durchmesser von 10 cm aussägen und ringsherum glatt schleifen. Zwei Holzstäbe von 10 cm Länge absägen. Für die Schrauben jeweils mittig Löcher in beide Stabenden und in eine Scheibenseite bohren.

9 Aus dem Chambray jeweils zwei kreisrunde Stücke und aus der Futterwatte ein kreisrundes Stück im Durchmesser von ca. 15 cm ausschneiden. Ein Stück Chambray mittig auf die MDF-Scheibe kleben, und zwar auf die Seite mit der Bohrung. Sobald der Kleber trocken ist, mit der Ahle über der Bohrung den Stoff durchstechen. Den überstehenden Stoff ringsum auf der Scheibenkante festkleben und abschließend passend zurechtschneiden. Das Zwischenfutter auf die andere Seite kleben und dann mit dem zweiten Chambray-Stück überziehen, dabei wie zuvor verfahren.

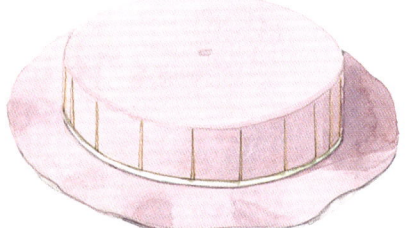

10 Die flache Seite des Samtpaspelbandes mit Klebstoff bestreichen und so auf den Scheibenrand kleben, dass das Band auf der Seite mit dem Zwischenfutter eine Idee übersteht. Nun das Rippenband und darauf die pinkfarbene Borte aufkleben. Alle Bänder sollten möglichst gleichmäßig fixiert werden und sich auf keinen Fall überlappen.

11 Einen Holzstab ringsum mit Chambray einschlagen und den Stoff mit Klebstoff fixieren. Mit einem Teppichmesser überstehenden Stoff zurechtschneiden, dabei auf einen faltenfreien Sitz achten.

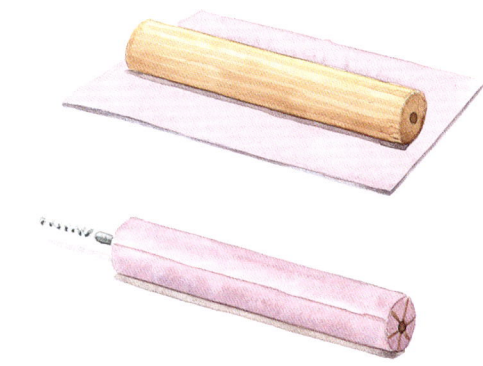

12 Die Scheibe auf den Stab schrauben und auf die Mitte der Scheibe die Samtblüte aufkleben. Bei der Herstellung des zweiten Zierknaufs ebenso verfahren.

Die Gardinen auf die Schiene ziehen und den Volant über dem Fenster montieren. Schließlich die Zierknäufe an der Wand befestigen.

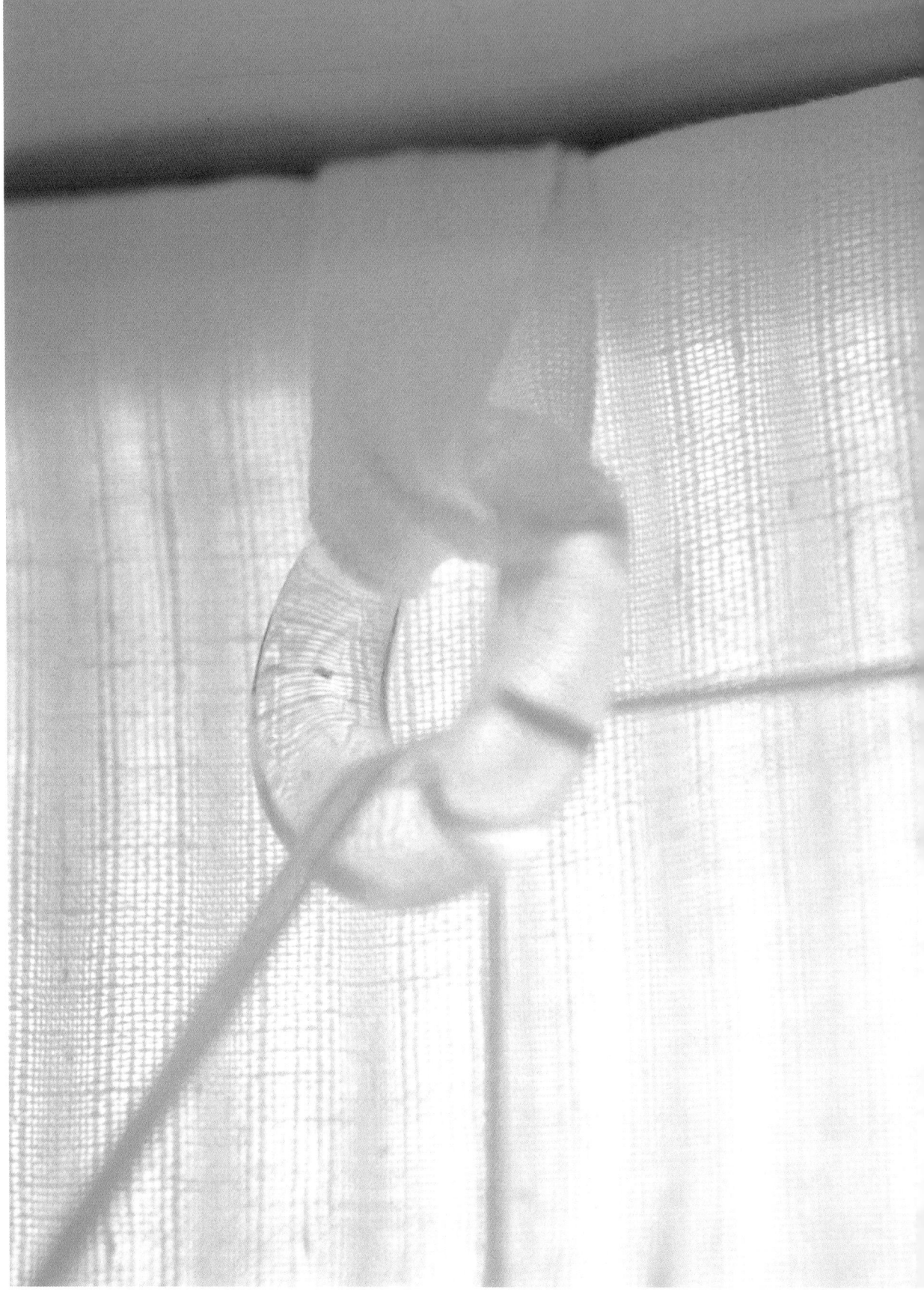

Teil 3
Grundlagen

Vorhänge selbst zu nähen erfordert nur wenige handwerkliche Techniken, die im folgenden Kapitel näher erläutert werden. Dabei geht es vor allem um Maßnehmen, Zuschneiden und verschiedene Nähtechniken. In allen Bereichen gilt als oberstes Gebot, möglichst genau zu arbeiten. Nur das exakte Berechnen und Zuschneiden der Materialien sowie eine saubere Verarbeitung garantieren präsentable Fensterdekorationen, die professionellen Produkten in nichts nachstehen.

Dekorative Befestigungen

Am häufigsten werden Vorhänge an Gardinenstangen aufgehängt, die sich leicht mit den dafür nötigen Halterungen an der Wand befestigen lassen. Vorgefertigte Gardinen besitzen meist schon Schlaufen oder Bänder und können direkt auf die Stange aufgezogen werden. Sonst verwendet man Ringe mit Metallösen, an denen die Gardinenhaken oder -schlaufen eingehängt werden. Es gibt auch Ringe mit Klips, die den Vorhang halten, ohne dass man extra ein Band annähen muss. Bisweilen wird die Gardinenstange auch durch einen Tunnelsaum geschoben.

Holz und Messing sind die klassischen Materialien für Gardinenstangen, doch verwendet man heute vieles mehr, von transparenten Kunststoffen bis hin zu geschmiedetem und gedrehtem Eisen. Holzstangen gibt es in unterschiedlichen Stärken und Ausführungen, ebenso wie Metallstangen, die sich sogar Erkerfenstern anpassen lassen. Darüber hinaus sind auch Gardinenstangen auf dem Markt, die bereits mit Zugvorrichtung ausgestattet sind oder je nach Bedarf gekürzt werden können. Bei akuratem Planen und Maßnehmen gelingt die Montage selbst dem Laien und man kann damit sein Budget beträchtlich schonen.

gungs

methoden

Die meisten Vorhänge werden an der Oberkante mit einem Faltenband versehen, das es in vielen Ausführungen gibt: so etwa ein schmales Band für besonders zarte und leichte Gewebe, ein durchsichtiges für Voile-Gardinen oder Bänder für Dreifachfalten. Darin werden lediglich die Haken von Plastik- oder Metallgleitern eingehängt, die ihrerseits in ein Schienensystem eingeführt werden. In die Bänder sind Zugfäden eingearbeitet, die es erleichtern, die Falten der Gardine zu arrangieren. Will man auf ein Faltenband verzichten, wird die Oberkante einfach eingesäumt. Auch hierfür gibt es spezielle Aufhängungen. Schienensysteme werden ebenfalls in vielen Variationen angeboten. Lassen Sie sich im Fachhandel beraten oder informieren Sie sich in Katalogen über die Möglichkeiten.

Gardinen werden auch an Spanndraht gehängt. Mit einem speziellen Werkzeug stanzt man die Ösen in die Oberkante des Vorhangs, zieht den Stahldraht hindurch und spannt ihn zwischen zwei Wandhalterungen. Vor allem für nach innen zu öffnende Gaubenfenster eignen sich Gardinenstangen, die mit einem Scharnier einseitig an der Wand befestigt werden und sich um 180 Grad schwenken lassen. In den Vorhang wird ein Tunnelsaum für die Stange genäht. Ist das Gaubenfenster nach außen zu öffnen, behilft man sich mit einer Teleskopgardinenstange mit integrierter Sprungfeder. Ohne dass spezielle Träger angebracht werden müssen, fixiert allein die Spannung der Feder die Stange zwischen den Wänden. Diese Lösung empfiehlt sich jedoch nur für leichte Voilestoffe.

Handwerkliche Grundtechniken

Alle Grundtechniken werden nachfolgend in einzelnen, leicht nachvollziehbaren und übersichtlich illustrierten Schritten erläutert. Machen Sie sich zunächst mit diesen Abschnitten vertraut, bevor Sie mit der Umsetzung der Gestaltungsvorschläge beginnen. Am Ende des Kapitels finden Sie ein Stichwortverzeichnis, in dem Sie erfahren, wo Sie weitere Informationen zu den komplizierteren Techniken erhalten (zum Beispiel zur Bearbeitung einer Briefecke oder zum Anfertigen eines französischen Saums).

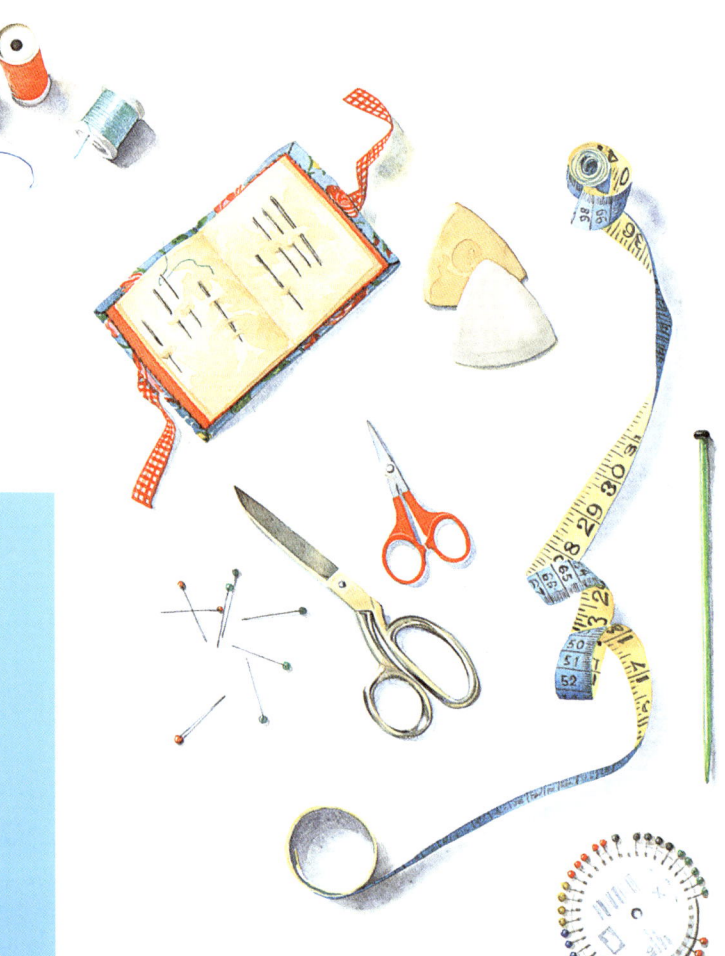

Nähutensilien

Nähmaschine

Zuschneideschere

Näh- bzw. Stickschere

Papierschere

Maßband

Schneiderkreide

Stecknadeln

Nähnadeln

Heft- und Nähgarn

MASSNEHMEN

Vorbereitung

Sobald Sie sich für ein bestimmtes Fensterkleid und den Stoff entschieden haben, muss Maß genommen und die Befestigungsvorrichtung angebracht werden. Um spätere Mängel bei der Passgenauigkeit der Vorhänge zu vermeiden, empfiehlt es sich, die benötigten Befestigungsteile vor dem Maßnehmen zu montieren.

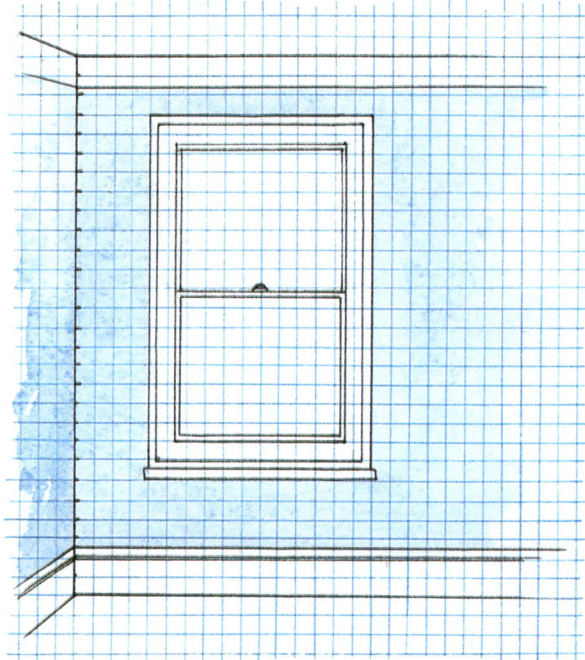

Zunächst fertigen Sie eine maßstabsgetreue Skizze des Fensters an. Erstellen Sie auf kariertem Papier zunächst einen Aufriss der betreffenden Wand und wählen Sie als groben Maßstab ein Kästchen auf dem Papier für jeweils 10 cm Originallänge. Vom Boden aus wird die Höhe der Fensterbank gemessen und eingezeichnet, dann folgt das Fenster selbst, einschließlich des Rahmens. Schließlich wird noch die Deckenhöhe eingetragen. Befindet sich das Fenster in der Nähe einer Ecke, sollte auch der Seitenabstand gemessen und eingezeichnet werden, da er die Proportionen einer gelungenen Fenstergestaltung mitbestimmt.

Schienen und Gardinenstangen

Im Idealfall sollten diese ungefähr 10–15 cm oberhalb des Fensters angebracht werden und zu beiden Seiten den gleichen Überstand von ebenfalls 10–15 cm haben. Beachten Sie dabei die folgenden Punkte:

1 Je größer das Fenster ist, desto größer sollten auch die genannten Ab- bzw. Überstände sein.

2 Größere Fenster benötigen stärkere Gardinenstangen und massivere Halterungen, damit die Proportionen stimmen.

3 Unvorteilhafte Proportionen des Fensters können geschickt kaschiert werden. Ist das Fenster zu schmal, verwendet man breitere Gardinenstangen. Liegt das Fenster zu niedrig, bringt man die Befestigung des Vorhangs höher an.

4 Gardinenstangen oder Schienen sollte man niemals auf gleicher Höhe oder gar unterhalb der Fensteroberkante montieren, da sich sonst ein störender Lichtstreifen bemerkbar macht.

5 Halterungen von Gardinenstangen bringt man aus optischen Gründen an der Wand und nicht am Fensterrahmen an.

6 Oft sind die Halterungen bei Befestigungsgarnituren zu kurz, sodass die Gardinen die Scheiben berühren. Das sieht unschön aus, behindert die Luftzirkulation und fördert die Kondenswasserbildung an den Scheiben. Zwischen Fenster und Vorhang ist mindestens ein Abstand von 6–8 cm erforderlich. Kaufen Sie also entweder längere Halterungen oder verstärken Sie die

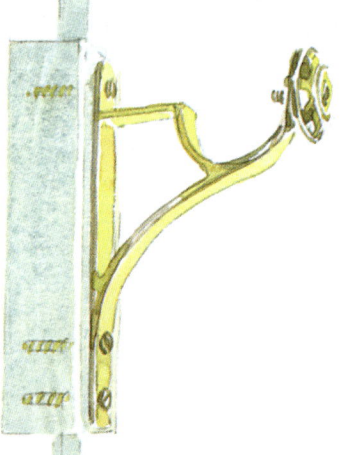

vorhandenen, indem Sie schmale Holzblöcke daranschrauben (siehe Abb.) und sie durch Anstreichen oder Tapezieren der Wand optisch angleichen.

7 Folgen Sie beim Anbringen von Stangen oder Schienen der Anleitung des Herstellers.

Querbehangbretter

Mit Querbehangbrettern lassen sich Gardinenschienen kaschieren und die Proportionen eines Fensters optisch verbessern. Man nimmt stabiles Holz (Pinie, Sperrholz etc.) von 2,5 cm Stärke, während die Tiefe des Bretts etwa ein Achtel der Vorhanglänge, selbst bei kleinen Fenstern jedoch mindestens 10 cm beträgt. Für die Breite gilt das Gleiche wie für die Länge der Gardinenstangen: 10–15 cm breiter als das Fenster. Wegen der Stärke des Vorhangstoffs kommen beidseits noch jeweils 1,5 cm hinzu. Das Brett sollte 15–20 cm über dem Fenster angebracht werden (es sei denn, man will – wie Punkt 3 auf Seite 177 darstellt – ungünstige Proportionen ausgleichen). Es wird über dem Fenster mit Metallwinkeln (siehe Abbildung) an die Wand geschraubt und mit dem Vorhangstoff bezogen oder in einer passenden Farbe gestrichen. Den Querbehang kann man mit Klettbändern fixieren. Dazu die Hakenhälfte des Klettbands an der Stirn- als auch den Seitenkanten des Bretts ankleben.

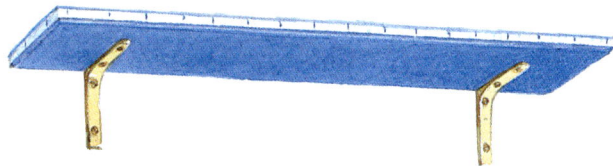

Es gibt spezielle Vorhangschienen für Querbehangbretter zu kaufen. Befestigen Sie diese nach Montageanleitung und lassen Sie auf beiden Seiten der Schiene 1,5 cm Abstand zu den Brettkanten, um den Faltenwurf der Gardine nicht zu behindern.

Für fest fixierte Vorhänge, sollten Sie Ringschrauben aus Metall an der Unterseite des Querbehangbretts befestigen.

Maßnehmen für Vorhänge

Verwenden Sie zum Maßnehmen ein ausziehbares Stahlband. Nachdem Sie entschieden haben, welche Art von Faltenband Sie verwenden wollen (wichtig für die benötigte Stoffmenge!), kommt es vor allem auf zwei Maße an: die Länge der Schiene

bzw. der Gardinenstange oder des Vorhangbretts (siehe A auf der Skizze unten) sowie der Abstand von dort zum Boden bzw. zur Höhe, in der der Vorhang abschließen soll (siehe B auf der Skizze). Die Länge der Schiene bestimmt die Breite des Vorhangs.

Als Faustregel gilt: Eine Vorhanghälfte sollte anderthalb- bis zweimal so breit sein wie die Schiene. Bei kleineren Fenstern (bis ungefähr 120 cm Breite) sollte jede der beiden Vorhänghälften so breit wie die Schiene sein. Bei leichteren und transparenten Stoffen sollte jede der Hälften mindestens dreimal so breit wie die Schiene sein, damit der Vorhang die nötige Fülle erhält.

Zur Ermittlung der Länge misst man bei Verwendung einer Stange von der Unterkante der Gardinenringe bis zum Boden, bei Verwendung einer Schiene von der Oberkante des Faltenbands bis zum Boden (um die Arbeit zu vereinfachen, ein Stück Faltenband mit zugehörigen Gleitern in der Schiene einhängen und abmessen). Dient ein Querbehangbrett zur Aufhängung, misst man von der Brettunterkante bis zum Boden. Werden Vorhänge mit einge-

stanzten Ösen aufgezogen, misst man von der Stangenoberkante bis zum Boden und gibt für den Stoff oberhalb der Ösen mindestens 4 cm hinzu. Außerdem rechnet man den Stoff hinzu, den man für den Saum und für den oberen Abschluss der Vorhänge benötigt (lesen Sie bei jedem Gestaltungsvorschlag die genauen Anweisungen). Sollen die Vorhänge auf dem Boden aufliegen oder werden Raffhalter verwendet, weitere 5–20 cm zugeben.

Bei gemusterten Stoffen muss auch der Rapport (der Abstand von der Oberkante eines Motivs bis zur Oberkante des nächsten Motivs) bei der Berechnung der benötigten Stoffmenge berücksichtigt werden.

Zusammenfassend ergibt sich folgende Kurzformel für die Berechnung des Materialbedarfs: Bodenlänge ab Wandbefestigung + Saum + oberer Abschluss + Rapport, das Ganze multipliziert mit der Zahl der benötigten Vorhangbahnen. Runden Sie den ermittelten Wert in Halbmeter-Schritten auf und überprüfen Sie alle Maße, bevor Sie den Stoff bestellen oder kaufen. Berücksichtigen Sie dabei auch den Bedarf an Querbehängen oder Raffbändern. Sollen Futter und Zwischenfutter eingearbeitet werden, schneidet man diese Lagen nach denselben Maßen zu wie den Oberstoff. Hierbei müssen jedoch keine Zugaben für Muster oder doppelte Säume berücksichtigt werden.

Maßnehmen für Rollos

Auch hier empfiehlt es sich, vor dem Maßnehmen die Befestigungsleiste anzubringen. Rollos können direkt am Fensterrahmen oder an der Wand oberhalb des Fensters befestigt werden. Letzteres bietet sich an, wenn man ungünstige Proportionen des Fensters kaschieren möchte.

Bei der Rahmenmontage misst man von der Oberkante der Befestigungsleiste bis zur Fensterbank sowie die Breite des Fensters minus 1 cm auf jeder Seite (siehe D und E auf der Skizze

links). Bei der Wandmontage dagegen misst man von der Oberkante der Befestigungsleiste bis ca. 5 cm unterhalb der Fensterbank. Dies sind die Maße für ein montagefertiges Rollo.

Anbringen von Rollos

Bei der Wandmontage entspricht die Länge der Befestigungsleiste der Fensterbreite plus eines Übersatzes von 10–15 cm auf jeder Seite. Die Leiste aus robustem Holz sollte auch in diesem Abstand von der Oberkante des Fensters angebracht werden (siehe C auf der Skizze). Sie kann direkt mit der Wand verschraubt oder mit zwei kleinen Halterungen angebracht werden. Die optisch beste Wirkung erzielen Sie, wenn Sie die Leiste mit dem Rollostoff beziehen oder in einer passenden Farbe streichen. (Wird die Leiste mit Stoff bezogen, sollte man einen Vorstechbohrer benutzen, um vor der Montage Löcher in das Gewebe zu stanzen. Ansonsten können im Stoff durch das Eindrehen der Befestigungsschrauben Spannfalten entstehen.) Befestigen Sie die Leiste mit Klettband, tackern Sie dessen Hakenseite auf die Rückseite der Leiste (siehe Abbildung oben).

Auch ein für eine Nische angefertigtes Rollo befestigen Sie mit Hilfe einer Holzleiste. Diese sollte ca. 1 cm kürzer als der Fensterrahmen sein, damit sie leichter an der Ober- oder Hinterseite der Nische angeschraubt werden kann. Im übrigen fertigen Sie die Leiste an wie zuvor beschrieben. Für die Montage eines Faltrollos benötigen Sie Metallösen, durch die Sie die Zugschnüre führen. Die Ösen sollten Sie jedoch erst nach Fixierung des Rollos einschrauben, um eine exakte Übereinstimmung mit den daran angebrachten Ringen zu erzielen.

Anbringen der Zugschnüre an einem Faltrollo

Überprüfen Sie, ob Sie alle Ringe auf der Rückseite des Rollos nach den Anweisungen der jeweiligen Gestaltungsidee angebracht haben. Danach schrauben Sie – parallel zu den Ringreihen am Rollo – die Metallösen in die Montageleiste und fixieren diese an der Wand oder am Fensterrahmen. Für jede senkrechte Reihe von Ringen schneiden Sie eine Zugschnur in dreifacher Länge des Rollos ab. Legen Sie zu diesem Zeitpunkt ebenfalls fest, an welcher Seite die Zugschnüre fixiert werden sollen, und schrauben Sie die Krampe an.

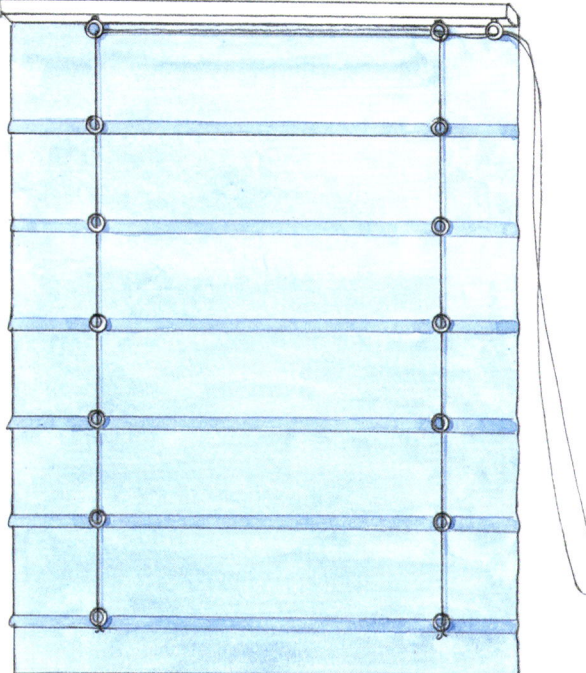

Auf der Rückseite des Rollos beginnen Sie mit der senkrechten Reihe, die am weitesten von der Krampe entfernt ist, und befestigen eine Schnur mit doppeltem Knoten am untersten Ring. Führen Sie die Schnur von hier aus durch alle senkrecht darüber angeordneten Ringe bis zum obersten Ring. Verfahren Sie ebenso mit den anderen Reihen. Anschließend fixieren Sie das Rollo mit dem Klettband an der Montageleiste. Beachten Sie dabei, dass alle Schnüre in den vorgesehenen Bahnen verlaufen. Danach fädeln Sie die Schnüre durch die Metallösen der Montageleiste und führen sie auf der Seite der Krampe zusammen (siehe Abbildung oben). Ziehen Sie die Schnüre fest an und prüfen Sie, ob die Fal-

ten des Rollos straff und waagerecht verlaufen. Verknoten Sie die Schnüre erst, nachdem Sie mehrfach überprüft haben, ob sie genug Länge haben, um das Rollo ungehindert herunterlassen zu können. Abschließend befestigen Sie einen Knauf an der Zugschnur und schneiden überflüssige Schnurreste ab.

Zur Aufhängung von Springrollos folgen Sie den Montageanleitungen des Herstellers. Bei allen anderen Rolloarten folgen Sie den Anweisungen zu den einzelnen Gestaltungsvorschlägen.

Zuschneiden des Stoffs

Sie benötigen eine große, ebene und saubere Unterlage sowie eine scharfe Zuschnittschere, um die Stoffbahnen gerade und in rechtem Winkel zur Webkante zuzuschneiden. Falls Sie einen

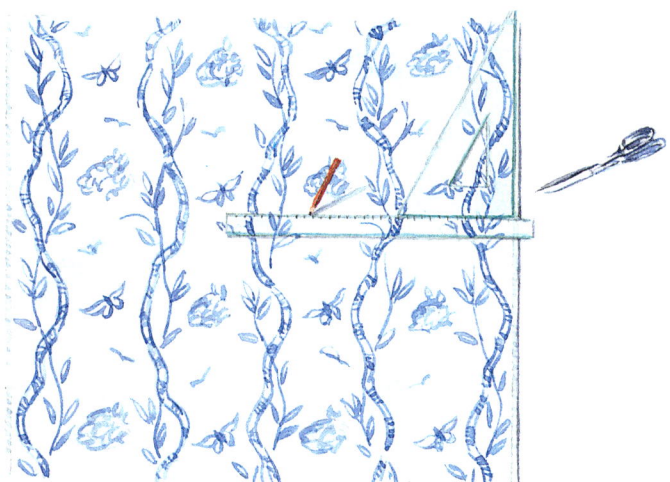

gemusterten Stoff mit sich wiederholenden Motiven verwenden, wirken die Vorhänge am vorteilhaftesten, wenn die Motive an der Unterkante übereinstimmen (die Oberkante können Sie in diesem Fall vernachlässigen). Vor dem Zuschneiden sollten Sie alle Maße nochmals überprüfen. Nach dem Zuschnitt markieren Sie die Stoffoberseite aller Teile mit Schneiderkreide. Dies ist bei Stoffen mit flauschigem Gewebeflor besonders wichtig, da sie stets in gleicher Richtung verarbeitet werden sollten.

Aneinandernähen einzelner Stoffbahnen

Soll der Vorhang breiter als eine Stoffbahn werden, müssen die einzelnen Bahnen zusammengenäht werden. Halbe Stoffbahnen sollten jeweils am äußeren Rand einer Vorhanghälfte verwendet werden. Beim Zusammennähen legen Sie die Bahnen rechts auf rechts, Schnittkante auf Schnittkante, stecken sie 2 cm neben der Webkante zusammen und steppen sie nach dem Heften. Schneiden Sie die Webkante alle 10 cm ein, um Spannung zu vermeiden, dann bügeln Sie die Naht flach (siehe Abbildung unten). Werden Bahnen mit großem Muster verarbeitet, schneiden Sie zunächst die ganzen Bahnen der Vorhanghälften zu und probieren dann durch Hin- und Herschieben aus, welcher Musteranschluss am besten wirkt. Beachten Sie, dass die Hauptbahnen beider Vorhanghälften vom Muster her aufeinander abgestimmt sind. Danach die Bahnen wie oben beschrieben zusammennähen.

DER LETZTE SCHLIFF
Gewichte

Viele Vorhänge fallen besser, wenn man sie mit Gewichten beschwert. Auch wenn es diese in zahlreichen Ausführungen gibt, handelt es sich in der Regel um Bleibänder, die sich lediglich in Größe und Gewicht unterscheiden. Transparente Stoffe benötigen etwa 25 g je Meter, sehr leichte Gewebe etwa 70 g, sehr schwere Stoffe sogar 150 g pro Meter.

Das Bleiband näht man in den Doppelsaum des Vorhangs ein, wobei man durch regelmäßig gesetzte, unsichtbare Nähte sicherstellt, dass die Gewichte nicht verrutschen (siehe Abbildung unten). Es gibt auch spezielle Gewichte in Plättchenform, mit denen man Vorhangecken beschweren kann (siehe Abbildung ganz unten).

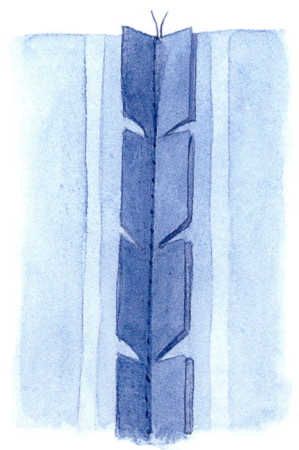

Annähen von Faltenbändern

Sind die Vorhänge seitlich und an der Unterkante eingesäumt, schlagen Sie die Oberkante um, damit das Faltenband angebracht werden kann. Breiten Sie den Vorhang mit der linken Seite nach oben aus und schneiden Sie das Faltenband so zurecht, dass es ungefähr 6 cm länger ist als die Vorhangbreite. Stecken Sie das Band ca. 5 cm unterhalb der Oberkante fest (bzw. folgen Sie den Angaben zu den einzelnen Gestaltungsideen). Dabei sollte auf beiden Seiten gleich viel Band überstehen. Auf der Seite zur Fenstermitte hin sichern Sie die Zugschnüre, indem Sie sie ein wenig anziehen und dann sorgfältig verknoten (siehe Abbildung rechts).

Nun das Ende des Faltenbands umschlagen, sodass die Knoten verdeckt werden und nichts übersteht. Dann stecken und heften (siehe Abbildung rechts).

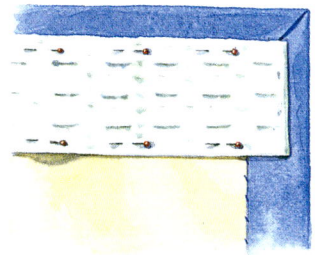

An der gegenüberliegenden Seitenkante ziehen Sie die Zugschnüre etwas heraus, schlagen den überstehenden Rest des Faltenbands um, stecken und heften ihn (siehe Abbildung unten). Beim Steppen gehen Sie in folgender Weise vor, damit beim Nähen keine Fältchen entstehen (siehe Abbildung oben rechts): Nähen Sie entlang der Oberkante von A nach B, lassen Sie die Nadel stecken, drehen Sie den Stoff und nähen Sie weiter bis zu E. Schneiden Sie den

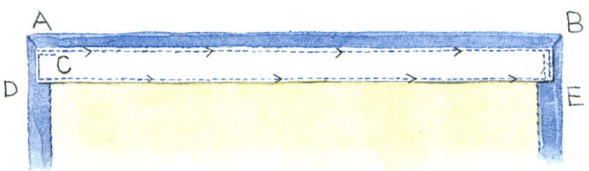

Faden ab und beginnen Sie die zweite Naht bei C, wenden Sie bei steckender Nadel bei D, dann weiter nach E und B. Indem Sie die beiden langen Strecken in derselben Richtung steppen, vermeiden Sie das Entstehen von Fältchen.

Straffen Sie die Zugschnüre, bis der Vorhang die gewünschte Breite hat, und korrigieren Sie den Faltenwurf von Hand. Danach verknoten Sie die Zugschnüre und stecken sie am Faltenband fest. Wichtig: Die Zugschnüre dürfen nicht abgeschnitten werden, da Sie dann keine Möglichkeit mehr haben, den Vorhang nach dem Waschen ausgebreitet zu bügeln. Abschließend die Haken in regelmäßigen Abständen von ca. 10 cm durch die Schlaufen des Faltenbands stecken. Mindestens einen Haken jeweils direkt an den Seitenkanten anbringen, damit der Vorhang gerade hängt.

Aufhängen der Gardinen

Lassen Sie sich beim Aufhängen schwerer, bauschiger Vorhänge assistieren: Während der eine die Vorhänge hält, kann der andere auf der Trittleiter arbeiten. Beginnen Sie bei der ersten Vorhanghälfte mit dem mittleren Haken, um das Gewicht des Vorhangs gleichmäßig zu verteilen. Haken sollten immer von vorn auf die Ringe gesteckt werden – bis auf die beiden äußeren Haken. Diese sollten von hinten aufgesteckt werden, da dies die Außenkanten des Vorhangs leicht nach innen krümmt, was optisch vorteilhaft wirkt. Sind beide Vorhänge angebracht, ziehen Sie sie zusammen, um zu überprüfen, ob sie gerade hängen und gegeneinander abschließen. Danach kontrollieren und arrangieren Sie den Faltenwurf. Bei hellen oder sehr zarten Stoffen ist es zweckmäßig, an den Vorhängen Zugkordeln anzubringen, die in zahlreichen Ausführungen erhältlich sind.

NÄHTECHNIKEN

Kräuselstich

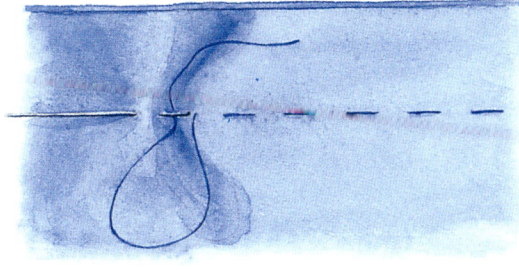

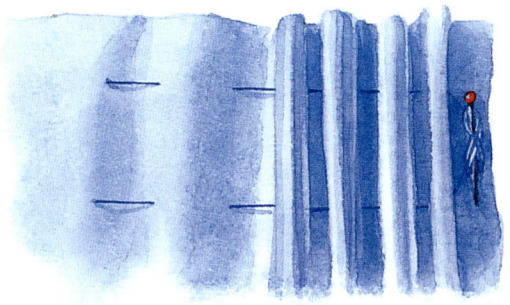

Diesen Stich nutzt man, um Stoffe von Hand zu raffen oder zu kräuseln. Einen Knoten in den Faden machen und dann in gerader Linie gleichmäßig ein- und ausstechen. Die zweite Reihe Stiche verläuft genau parallel zur ersten. Schließlich die losen Fadenenden in Form einer Acht um die Nadel legen und vorsichtig straffen, bis der gewünschte Faltenwurf erreicht ist (siehe Abbildung oben).

Heftstich

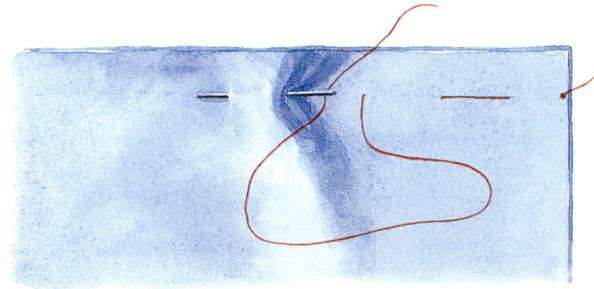

Dieser Stich dient dazu, Stoffbahnen oder -kanten vorübergehend zusammenzuheften. Faden auf der linken Seite befestigen

und auf der rechten Seite durch alle Schichten hindurch ungefähr 2 cm lange Stiche machen. Am besten einen kontrastreichen Faden verwenden, der sich deutlich vom Stoff abhebt. Beim Steppen mit der Nähmaschine nicht den Heftfaden erfassen, da er sich sonst schwer entfernen lässt.

Saumstich

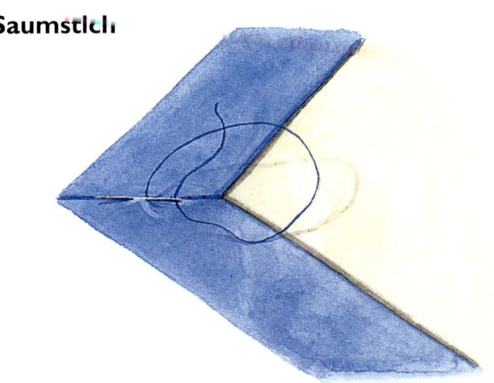

Mit diesem Stich werden umgeschlagene Kanten auf den Stoff genäht oder zwei umgeschlagene Kanten bündig miteinander zu Briefecken vernäht. Auf der linken Stoffseite von rechts nach links arbeiten. Nadel in die Faltkante stechen, herausziehen und wenige Fäden des Stoffes aufnehmen. Nadel parallel zur Faltkante führen und mit gleichmäßigen Stichen in den Saum stechen. Die Stiche sollten kaum zu sehen sein (siehe Abbildung oben).

Fischgrätenstich

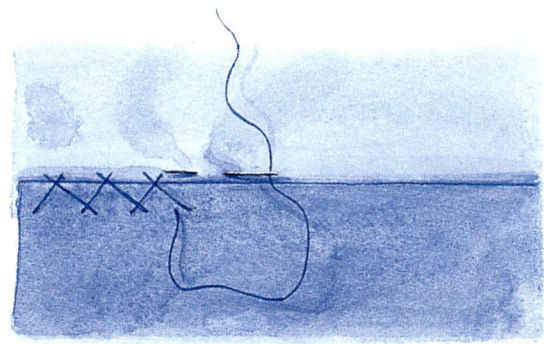

Mit diesem Stich verbindet man Saumkanten mit dem Stoff. Auf der linken Seite von links nach rechts arbeiten, die Nadelspitze zeigt dabei nach links. Zunächst in den Saum einstechen, dann die

Nadel diagonal zum Vorhangstoff führen. Ungefähr 0,5 cm oberhalb der Saumkante einen kurzen Stich von rechts nach links machen und dabei nur wenige Fäden aufnehmen. Mit der Nadel diagonal zurück zum Saum gehen, dann wieder einen kurzen Stich von rechts nach links durch eine Stofflage führen. Die Stiche locker ausführen (siehe Abbildung rechts unten auf der vorhergehenden Seite).

Fallstich

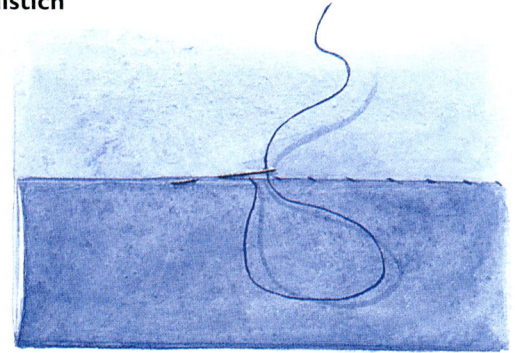

Der Fallstich dient zum Säumen feiner Stoffe und wirkt dezenter als die Naht mit einer Nähmaschine. Auf der linken Seite arbeiten (die gefaltete Saumkante ist Ihnen zugewandt). Die Nadel diagonal von rechts nach links führen, dabei nur ein paar Fäden vom oberen Stoff aufnehmen und unter der Kante durch beide Lagen stechen. Auf diese Weise den ganzen Saum bearbeiten (siehe Abbildung oben).

Kettenstich

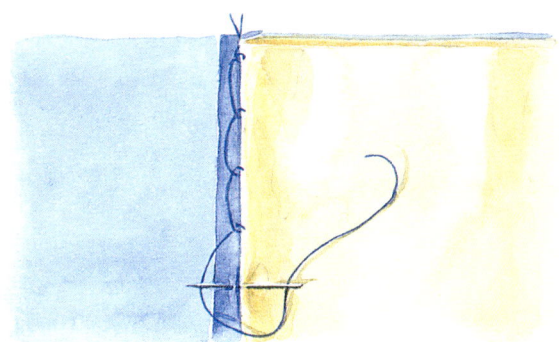

Mit diesem Stich fixiert man das Zwischenfutter an den Oberstoff, sodass alle Lagen lose miteinander verbunden sind. Benutzen Sie lange Fäden in der gleichen Farbe wie der Oberstoff. Oberstoff glatt auslegen, mit der linken Seite nach oben. Zwischenfutter darüber ausbreiten und eine Hälfte über die andere zurückschlagen. Den Faden am Zwischenfutter befestigen und die Nadel dicht an der Kante durch das Zwischenfutter stechen. Mit der gleichen Bewegung nur wenige Fäden des Oberstoffs aufnehmen. Faden nicht fest anziehen, sondern eine Schlinge lassen. Nadel durch die Schlinge führen und zehn Zentimeter weiter unten einen neuen Stich machen. Es sollte keine Spannung entstehen, die den Oberstoff aus der Form bringen könnte. Mit dem gleichen Stich und der gleichen Falttechnik lassen sich auch Futter und Zwischenfutter verbinden (siehe Abbildung oben).

Querverweise

Mit Hilfe der Querverweise auf dieser Seite finden Sie leicht alle notwendigen Informationen und handwerklichen Erläuterungen, die Sie zum Anfertigen aller Arten von Rollos und Vorhängen benötigen.

Glossar

Ahle nadelartiges Werkzeug zum Ausstechen von Löchern in Stoff, Leder oder Holz

Applikation Aufnäher zur Verzierung von Textilien

Befestigungsleiste bei der Wandmontage von Rollos benötigte Holzleiste

Bogenkante dekorativer, wellenförmiger Abschluss eines Vorhangs oder Rollos

Briefecke bündige, diagonale Naht zwischen zwei Saumkanten

Chambray feiner Baumwollstoff mit weißem Einschlagfaden

Domette dünner, weicher Zwischenfutterstoff

Durchbruchstickerei Stickerei, bei der Fäden aus dem Stoff gezogen werden, um ein geometrisches Muster zu erzeugen

Erkerfenster vorspringendes Fenster

Faltenband in verschiedenen Ausführungen hergestelltes Gardinenband, das die Art des Faltenwurfes entscheidend bestimmt

Flügelfenster Fenster, das sich wie eine Tür nach innen oder außen öffnet

Gaubenfenster senkrecht stehendes Fenster einer Dachgaube

Gingham kariert gemusterter Baumwollstoff, Weiß mit einer anderen Farbe kombiniert, sodass an den Schnittflächen eine dritte Farbe entsteht

Klettband zweiteiliges Band, das aus einer Haken- und einer Flauschhälfte besteht und zum Befestigen von Rollos dient

Krampe Metallhaken zum Befestigen von Zugschnüren eines Rollos oder eines Vorhangs

Mittelkante die beim Zuziehen der Vorhänge aufeinander stoßenden Seitenkanten

Organza fein gewebter, halb transparenter und fester Baumwollstoff, der sich gut plissieren lässt

Öse Metallring, der ins Gewebe gestanzt wird, damit dieses auf Schnüre, Drähte oder Stangen gezogen werden kann

Paspelband Baumwollband zum Einfassen von Kanten

Querbehang dekorativer Fensterbehang, der dazu dient, Vorhangschienen zu kaschieren oder gedrungene Fenster höher wirken zu lassen

Raffhalter aus Metall oder Holz gefertigte Wandhalterungen (zum Teil in Form von Zierknäufen), die Vorhänge vom Fenster zurückhalten

Schablone aus Papier oder Pappe hergestelltes Muster für Stoffbearbeitung

Rippenband geripptes Band zum Einfassen von Stoffen

Steifleinen versteiftes Gewebe zum Verstärken von Textilien

Verdunkelungsstoff schwerer, lichtundurchlässiger Futterstoff

Volant als Querbehang dienender, in Falten gelegter Stoffstreifen

Webkante fest gewebte Kante, die ein Ausfransen des Stoffes verhindern soll

Zwischenfutter weiches Gewebe, dass zwischen Vorhangstoff und Futter genäht wird, um einen üppigeren Fall zu ermöglichen und das Fenster besser gegen Lichteinfall und Lärm zu isolieren (wird auch als Domette bezeichnet)

Materialnachweis

S. 48, Faltrollo mit Kontrastblende: dunkle Wolleinfassung von GP&J Baker; gewebtes Leinen von Sanderson. S. 51, Seilspanngarnitur; Leinen und gepunkteter Stoff von Nya Nordiska; Seilspanngarnitur von Habitat. S. 54, Bordürenbehang mit Briefecken: weißer Stoff von Nya Nordiska; Bordürenstoff von Jane Churchill. S. 58, Doppelvorhang: karierter Leinenstoff von Colefax & Fowler; bedruckter Stoff von Celia Birtwell; Rippenband von V. V. Rouleaux; zweizügige Befestigungsgarnitur von The Bradley Collection. S. 63, Volant mit Applikation: weißer Stoff von Nya Nordiska: blauer Stoff für die Applikation von Malabar. S. 66, schwedisches Rollo: Stoff von Designers Guild, Satz Glasringe von Pax Marie. S. 71, bestickter Fensterbehang: Nesselstoff von The Natural Fabric Co.; antikes blaues Leinen und Leinen mit Monogrammstickerei von Guinevere Antiques; Knöpfe und Stickereigarn von John Lewis; Kissen von De Le Cuona Designs Ltd; Sitzkissen von Chelsea Textiles; Tapete von Neisha Crosland, The Paint Library. S. 74, Patchwork-Vorhang: Geschirrtücher von The Linen Cupboard, John Lewis, The General Trading Co. und The Volga Linen Co.; Gardinenstange und Endstücke von Artisan; Metallringe mit Klips von Walcot House; blaue Metallstühle von Guinevere Antiques. S. 78, schwenkbarer Fensterbehang: Stoff von GP&J Baker; Gardinenstange mit Scharnier von J.H. Porter & Son. S. 82, Fensterbehänge auf Gleitschienen: zarter Stoff mit Punkten von Nya Nordiska; weißes Leinen von Malabar; Gleitschienen-System von Silent Gliss. S. 90, Duschvorhang aus Frotteevelours: Frotteevelours und transparenter, wasserfester Futterstoff von John Lewis; Borte von Chelsea Textiles; Ösen und Spezialzange von James & Alden; Metallhaken von Cope & Timmins. S. 94, Springrollo mit Fransenborte: Drell von Malabar; Baumwollborte von Chelsea Textiles; schwarzes Samtband von V. V. Rouleaux. S. 96, Wollvorhang: Wollstoff von GP&J Baker; cremefarbene Bommelborte von Jane Churchill; antike Gardinenstange aus Holz, Ringe und Halterungen von McKinney & Co. S. 100, ungefütterter Vorhang mit Bordüre: schwerer cremefarbener Leinenstoff von De Le Cuona Designs Ltd., beide Bordüren von V. V. Rouleaux. S. 104, Vorhang mit Kontrastfutter: schwarzweißer Stoff von Bennison Fabrics; weißer Stoff von Malabar; Gardinenstangen von J. H. Porter & Son; Holztisch von Decorative Living; Heizkörperabdeckung von Jali. S. 108, Springrollo mit Bogenkante: gestreifter Stoff von Ian Mankin; Zierborte von V. V. Rouleaux. S. 110, Vorhang mit angesetztem Querbehang: Stoff von Brunschwig & Fils; Borte von V. V. Rouleaux. S. 115, Taftvorhang mit fixierter Oberkante: Seidentaft von Turnell & Gigon. S. 119, Rollo mit Kellerfalte: Stoff von Bennison Fabrics; Samtborte von V. V. Rouleaux; Ledersofa von Highly Sprung. S. 122, Wendevorhang mit Raffhalter: besticktes Leinen von GP&J Baker; karierter Baumwollstoff von Ian Mankin. S. 132, Rollo mit Paillettenborte: Stoff von Cath Kidston; Paillettenborte von V. V. Rouleaux. S. 136, Vorhang mit Bogenkante: rot gestreifter Stoff von Scalamandre; geblümter Baumwollstoff von Bennison Fabrics; Gardinenstange mit Scharnier von Artisan. S. 140, Quilt-Vorhang: antiker Quilt von Butterscotch; Zackenlitze von Wendy Cushing. S. 144, drapierter Querbehang: Seidenstoff von Malabar; Bommellitze von V. V. Rouleaux. S. 148, geblümter Vorhang mit Bleistiftfalten: Stoff und Borte von Cath Kidston; Gardinenstange von Cope & Timmins. S. 152, Rollo zum Aufwickeln: gestreifter Stoff von The Blue Door; alle Körbe von The Holding Co. S. 156, Bändergardine: alle Bänder von V. V. Rouleaux; antike Glasperlen von Tobias & the Angel; Gardinenstange aus Kunststoff von David Industrial Plastics. S. 158, plissierter Organza-Vorhang: Organza von MacCulloch & Wallis; Gingham-Bänder von V. V. Rouleaux; Gardinenstange von John Lewis; Tapete von Cath Kidston; Kinderbett von Bump. S. 162, Vorhang aus antikem Leinen: Bettleinen von Tobias & the Angel; Satinband von V. V. Rouleaux; Gardinenstange und Halterungen aus Messing von Sasha Waddell. S. 164, Gingham-Vorhänge: Gingham, Chambray und geblümte Borte von John Lewis; Samtveilchen und Rippenband von V. V. Rouleaux.

Adressen

Antike amerikanische Quilts
Eva und Peter Ziegler
Hauptstr. 21
83093 Hemhof/Chiemgau
Tel.: 08053/22 70
Fax: 08053/35 36
Amish-Quilts

Atelier Pilati
Admiralplatz 3
80333 München
Tel.: 089/235 08 40
Fax: 089/23 50 84 25
Große Auswahl und Planung nach Maß

Belle Maison
Schwarze-Brüder-Str. 1
44137 Dortmund
Tel.: 0231/16 25 17
Fax: 0231/16 25 32
www.bellemaison.de

Böhmler im Tal
Einrichtungshaus Gmbh
Tal 11
80331 München
Tel.: 089/213 62 42
Fax: 089/213 62 17
www.boehmler.de
Einrichtungshaus mit großem Sortiment für Vorhangstoffe aller Art

Carlo Abend
Raumausstattermeisterbetrieb
Winzererstr.47
80797 München
Tel.: 089/308 08 08
Große Stoffauswahl, Vorhanganfertigung

Christian Fischbacher
Simonshöfchen 27
42327 Wuppertal
Tel.: 0202/73 90 90
Fax: 0202/739 09 35
www.fischbacher.ch
Vorhänge und Rollos

Colosseum
Helfenberger Grund 8
01326 Dresden
Tel.: 0351/264 30
Fax: 0351/264 31 11
www.colosseum-dresden.com
Showroom und Planung

Création Baumann
Paul-Ehrlich-Str. 7
63111 Dietzenbach
Tel.: 06074/3 76 70
Fax: 06074/37 67 11
www.creationbaumann.com
Haute couture für Fenster

das buck studio
Sonnenstr. 10
80331 München
Tel.: 089/29 09 10 36
Fax: 089/55 33 67
www.diemuenchner.de/buck
Dekorations- und Vorhangstoffe

Decor Design
Elvirastr. 14–15
80636 München
Tel.: 089/12 00 00 90 + 12 00 00 91
Fax: 089/18 99 99 11
www.decordesign.de
Dekorations-und Vorhangstoffe

designfunktion
Schleißheimer Str. 141
80797 München
Tel.: 089/306 30 70
Fax: 089/30 63 07 99
www.designfunktion.de
Großes Markensortiment an Textilien

First-Line GmbH
Römerstr. 6
CH-4512 Bellach
Tel.: 0041/326 18 09 09
Fax: 0041/326 18 09 07
www.firstline-design.com

Galeria Indonesia
Uhlandstr. 78
10717 Berlin
Tel.: 030/86 42 12 67
Fax: 030/86 42 12 89
Fernöstliche Stoffe

Gardinen Huber
Kaisertstr. 26
83022 Rosenheim
Tel.: 08031/125 33
Fax: 08031/38 12 67
www.gardinen-huber.de
Vorhangstoffe und Anfertigung

Gardinen Strunz
Hauptstr. 23
94437 Mamming
Tel.: 09955/900 80
Fax: 09955/900 81
www.gardinen-strunz.de
Gardinen, Vorhangstangen und Zubehör

Hertie-Karstadt
Bahnhofplatz 7
80335 München
Tel.: 089/551 20
Fax: 089/55 12 20 09
www.karstadt.de
Einrichtungshaus mit Vorhangstoffen
und großer Zubehörauswahl

IKEA
www.ikea.de
Standorte in ganz Deutschland
Günstige Stoffe, Aufhängesysteme für
Vorhänge und Zubehör

Intra-in Innenausstattung GmbH
Bergstedter Chaussee 212
22395 Hamburg
Tel.: 040/604 64 64
Fax: 040/604 64 65
www.intra-in.de
Rollos

JAB – Anstoetz Stoffe
Potsdamer Str. 160
33719 Bielefeld
Tel.: 0521/209 30
Fax: 0521/209 33 88

KA International
Rosenthaler Str. 34–35
10178 Berlin
Tel.: 030/28 38 69 02
Fax: 030/28 38 96 04
www.ka-international.de
Weitere Filialen siehe Homepage
Vorhangstoffe und Anfertigung

KaDeWe
Tauenzienstr. 21–24
10789 Berlin
Tel.: 030/212 10
Fax: 030/21 21 26 20
www.kadewe.de
Einrichtungshaus mit großer Gardinen-
abteilung und Zubehör

Keiter & Niggemeyer GmbH
Im Forum
Nordring 49
44787 Bochum
Tel.: 0234/603 46
Fax: 0324/68 14 78
www.keiter-niggemeyer.de
Einrichtungshaus: Vorhänge, Gardinen,
Zubehör, Nähservice

Kinnasand
Danzinger Str. 6
26655 Westerstede
Tel.: 04488/51 60
Fax: 04488/516 16

Konrad Hans
Am Kiekeberg 34
22587 Hamburg
Tel.: 0172/453 42 69
Vorhangstoffe

Kröll + Nill GmbH + Co.
Annastr. 19
86510 Augsburg
Tel.: 0821/325 00
Fax. 0821/325 01 50
Einrichtungshaus für Vorhänge, Zube-
hör und Anfertigung

Laden 26
Kaiserstr. 26
63065 Offenbach
Tel.: 069/88 47 45
Fax: 069/88 60 02
Kleiner Stoffladen

Lambert GmbH
Grabenstr. 11a
40213 Düsseldorf
Tel.: 0211/862 04 20
www.gunther-lambert.com
Stoffe im klassischen Landhausstil

Laura Ashley
Hunsrückstr. 43
40213 Düsseldorf
Tel.: 0211 8648 732
www.laura-ashley.com
Englische Stoffmuster

Les Tissus Colbert
Blumenstr. 21
80331 München
Tel.: 089/260 63 56
Französische Stoffe

ligne roset
Oskar-von-Miller-Ring. 35
80333 München
Tel.: 089/28 50 36
Fax: 089/28 36 59
www.ligne-roset.de
Vorhänge und Systeme

Marianne Großer
Kreherstr. 10
09126 Chemnitz

Tel.: 0371/58 39 05
Fax: 0371/58 39 05
Vorhangstoffe

Merz + Benzing
Dorotheenstr. 1
70173 Stuttgart
Tel.: 0711/23 98 40
Fax: 0711/239 84 20
www.merz-benzing.de
Einrichtungshaus mit großer Stoff-
auswahl

Nya Nordiska Textiles GmbH
An den Ratswiesen
29451 Dannenberg
Tel.: 05861/809 33
Fax: 05861/809 10
www.nya-nordiska.de
Stoffe aller Art

Osborne + Little
Joseph-Spital-Str. 6
80331 München
Tel.: 089/236 60 00
Fax: 089/260 60 01
Stoffe aus England

Pesch Wohnen
Kaiser-Wilhelm-Ring 22
50672 Köln
Tel.: 0221/161 30
Fax: 0221/161 32 95
www.pesch-wohnen.de
Einrichtungshaus mit Dekora-
tionsstoffen, Vorhängen und
Zubehör

Plauener Spitze
Fa. Elke Gaasenbeek
Hopfengärten 32
98678 Sachsenbrunn
Tel.: 03686/61 71 11
Fax: 03686/61 71 12
www.gaasenbeek.de
Plauener Spitzengardinen

R. Bossert Inneneinrichtungen
Zürichstr. 38
CH-8306 Brüttisellen
Tel.: 0041/18 34 11 77
Fax: 0041/16 84 12 77
www.r.bossert.ch
Vorhänge aller Art und Zubehör

Raumausstattung Ebel
Schweriner Str. 5
19288 Ludwigshut
Tel.: 03874/66 69 03
Fax: 03874/66 69 07
www.raumausstattung-ebel.de
Vorhänge

Raumdecor Krebs
Tisinstr. 56
82041 Deisenhofen
Tel.: 089/613 24 15
Fax: 089/613 66 25
www.raumdecor-krebs.de
Vorhangstoffe und Anfertigung

Rudolf Vogel
Raumgestaltung
Schröderstr. 12
69120 Heidelberg
Tel.: 06221/649 50 11+ 649 50 12
Fax: 06221/649 50 10
www.vogel-raumgestaltung.de
Beratung und Fertigung

Schöner Wohnen
Engelhardstr. 12
81369 München
Tel.: 089/725 25 55
www.studio-schoenerwohnen.de
Gardinen- und Vorhangstoffe

Seidlein + Seidlein GmbH
Grolmanstr. 32
10623 Berlin
Tel.: 030/88 62 42 42
Fax: 030/88 62 42 42
Stoffe und Planung

Stoff und Innenarchitektur
Gebhart und Gekeler
Isabel Enxing
Nordendstr. 26
80801 München
Tel.: 089/27 36 90 05
Dekorations-, Möbelstoffe, Vorhänge

Stoffhaus
Obere Hauptstr. 61–63
85354 Freising
Tel.: 08161/91 94 04
Fax: 08161/91 94 05
Vorhänge und Dekostoffe

Stoffkontor
Große Bleiche 31
20354 Hamburg
Tel.: 040/348 06 06
Fax: 040/348 06 05
www.stoffkontor.de
Baumwolldekorstoffe, Onlineverkauf

Tellmann
Einrichten und Gestalten
Friedrich-Ebert-Str. 76
41236 Mönchengladbach
Tel.: 02166/480 24
Fax: 02166/61 92 24
Einrichtungshaus mit Vorhängen
und Vorhangsystemen

Wohnkultur Ullmann
Lange Str. 91
26122 Oldenburg
Tel.: 0441/923 45
Fax: 0441/923 43 00
www.ullmann.de
Vorhänge und Anfertigung

www.heimwerker.de
Onlineshop u.a. für Ösen und Loch-
zangen

Register

Danksagung

Glücklicherweise durfte ich in den Wohnungen meiner Freunde fotografieren, was mir eine Fülle an Inspirationen für die Fensterdekoration verschaffte. Zu diesen Freunden gehörten u. a. Suzanne und Chris Sharp, Martine und Nick Criticos, Gabi und Pierre Tubbs, die Familie Harrington, Marylin Phipps und Martin Butler sowie Seskin Kelly. Mein herzlicher Dank geht an jeden einzelnen von ihnen! Dank gebührt auch David Hiscock für seine fantastischen Fotografien, die selbst den schlimmsten Wetterverhältnissen zum Trotz eine Augenweide geworden sind. Er ist eben ein echter Profi! Lizzie Sanders verdanken wir die schönen Aquarelle – jedes ein Kunstwerk. Die zahlreichen Dekorationsideen verschlangen natürlich eine Menge Stoff, wovon ein großer Teil mir großzügig zur Verfügung gestellt wurde. Als edle Spender sind zu nennen: Trudi Ballard von Colefax & Fowler, Antonia Lake von Malabar, Cath Kidston, Jilly Newberry und Louise Laycock von Bennison Fabrics, Angela Childs von Celia Birtwell, Elizabeth Henderson von Butterscotch, Matthew Gomez von Turnell & Gigon, Sue Avery von Scalamundré und Emma Wilcock von GP&J Baker. Natürlich benötigte ich auch Gardinenstangen und -schienen, hierfür geht mein Dank an Ali Edney von The Bradley Collection, Matthew Robinson von Silent Gliss, McKinney & Co., Sasha Waddell und Nanuschka Jackson – herzlichen Dank!

Zahlreiche der in diesem Buch vorgestellten Vorhang- und Rolloideen wurden von Valerie und Jim Brooks umgesetzt. Ich bedanke mich für beider Offenheit, Freundlichkeit und den überaus engagierten Einsatz. Auch Helena Lynch trug mit großer Geschicklichkeit wesentlich zum Gelingen der Projekte bei. Alexandra Martins und Catherine Coombes standen während der Aufnahmen unermüdlich mit Rat und Tat zur Seite – auch ihnen mein herzlicher Dank.

Bei Quadrille geht mein Dank vor allem an Françoise Dietrich als Artdirector für ihre hilfreiche Unterstützung sowie Nicki Marshall und Alison Moss, die sich mit spitzer Feder dem Text annahmen! Nicht zu vergessen ist Lucinda Gundertons unbezahlbare Hilfe bei der technischen Umsetzung der Projekte. Schließlich bedanke ich mich bei Jane O'Shea, die dieses Buch erst ermöglicht hat. Unvergessen ist aber auch Ronald Abrahams, der in der überfluteten Normandie unser Retter war.

Bildnachweis

1–5: David Hiscock; 6–7: Verne Fotografie/Architekt Jo Crepain; 8: View/Sally–Ann Norman; 9: Marie Andersson/©Stiftelsen Skansen; 10: The Interior Archive/Fernando Bengoechea; 11: The Interior Archive/Andrew Wood/Designer Alison Henry; 11 eingefügtes Bild außen links: Verne Fotografie; 11 eingefügtes Bild außen rechts: The Interior Archive/Fernando Bengoechea/Designer Glenn Gissler; 11 eingefügtes Bild links: Richard Glover/Architekt Ian Hay; 11 eingefügtes Bild rechts: Camera Press/Sköner Hem/IMS; 13: Deidi von Schaewen/Designer Gaetano Pesce; 14: Minh & Wass Photography/Designer Betsey Johnson; 15: Marie Claire Maison/Nicolas Tosi/Josée Postic/Renault/Designer Jacqueline Morabito; 16–17: Minh & Wass Photography/Architekt Pierce & Allen; 18: Christian Sarramon; 19: Marie Claire Maison/José van Riele/Karin Scheve; 20: Alexander van Berge/Menno Kroon; 21: Minh & Wass Photography; 22 Mitte: Andreas von Einsiedel; 22 links: Marie Undersson/©Stiftelsen Skansen; 22 rechts: Andreas von Einsiedel; 23: The Interior Archive/Edina van der Wyck/Designer Charlotte Scott; 24 links: IPC/© Homes & Gardens/David Montgomery; 24 Mitte: Ray Main/Mainstream; 24 rechts: Alexander van Berge/Designer Wim van de Oude Wetering/Elle Wonen; 25 links: Christian Sarramon, 25 rechts: David Hiscock 16 links: Richard Glover/Architekt John Pawson; 26 rechts: Narrvonives/Jan Baldwin/Architekten Melloco & Moore; 25–27: The Interior Archive/Edina van der Wyck; 28–29: Christian Sarramon; 29 Mitte: Christian Sarramon; 29 links: Deidi von Schaewen/Architekt Gilles Bouchez; 29 rechts: The interior Archive/Fritz von der Schulenburg/Designer Jean–Louis Germain; 30: Ray Main/Mainstream; 31 Mitte: Verne Fotografie/Architekten Robbrecht & Daem; 31 links: Marie Claire Maison/Christoph Dugied/Josée Postic; 31 rechts: Didier Delmas/Designer Roberto Bergero; 34–41: David Hiscock; 42–43: Marina Faust/courtesy AD France/Les Publicvonions Condé Nast; 44 oben links: Christian Sarramon; 44 oben rechts: Marie Claire Maison/Marie–Pierre Morel/Josée Postic; 44 unten links: Minh & Wass Photography/Designer Betsey Johnson; 44 unten rechts: Mark Seelen/Designer Winka Dubbeldam; 45 oben: VT Wonen/Photographer Grootes; 45 unten: World of Interiors/Alex Ramsay/Designer Diane de Clercq 46–85: David Hiscock; 86–87: The Interior Archive/Simon McBride; 88 oben links: Didier Delmas/Designer Bénédicte Laglenne; 88 oben rechts: Red Cover Andreas von Einsiedel; 88 unten links: Minh & Wass Photography; 88 unten rechts: Marie Claire Maison/Christophe Dugied/Josée Postic; 89 oben: The Interior Archive/Fritz von der Schulenburg; 89 unten: Lars Hallén; 90–128: David Hiscock; 128–129: World of Interiors/Simon Upton; 130 oben links: Narrvonives/Polly Wreford; 130 oben rechts: Marie Andersson/©Stiftelsen Skansen; 130 unten links: IPC/© Homes & Gardens/James Merrell; 130 unten rechts: Marie Claire Maison/Nicolas Tosi/Julie Borgeaud; 131 oben: The Interior Archive/Andrew Wood/Designer The Cross; 131 unten: The Interior Archive/Henry Wilson/artist Celia Lyttleton; 132–175: David Hiscock.